# はじめに

## ■　リスケに伴う計画作成の必要性

新型コロナウイルス感染症により様々なことが変わりました。

また、例えば３密などコロナ禍により新しい用語が生まれ、定着しました。そして、ロックダウンやクラスター、ソーシャルディスタンスという過去からあった単語が、このコロナ禍により新たな意味を帯びて使われています。

そのような中で、コロナ禍の影響でリスケジュールという用語が使われることが増えています。略称はリスケです（本書では以後、略称のリスケを使用します）。

## ■　リスケとは

では、リスケとはどういうことでしょうか。

一言で表すなら「借入金の返済猶予」のことです。資金繰りが厳しくなり、金融機関から受けた借入金の返済額を減額したり、返済そのものを一時的に止めたりすることです（**第２章**の「そもそもリスケとは」において、その歴史や金融機関の見方を説明します）。

それに伴い、返済の減額や停止期間をいつまで行うのか、そしていつから通常の返済を行うことが出来るのかを貸し手の金融機関から求められますので、最も重要なこととして、何等かの計画を立てねばなりません。その計画作成のポイント等を本書でご紹介します。

なお、この計画は多くの場合「リスケ計画」と呼ばれます。中小企業庁が定めた経営改善策定事業では「経営改善計画」と呼ばれます。本書では、一般の方や金融機関向けの部分は「リスケ計画」、認定支援機関向けの部分は「経営改善計画」という表現を使います。

因みにコロナ禍で多くの企業が資金繰りに悩んでいます。テレワークの普及等により家庭や個人を中心とした分野を扱う企業は業績が上向いたところもあるのでしょうが、比率としては業績が低迷した企業が増え、資金繰りが厳しくなっています。

その際に通常の商取引に伴う仕入れや家賃、社会保険や消費税の支払い、そして社員の給料まで減額したり支払いを遅らせたりしていますが、それ等も限界があります。そこで経営者は借入金の返済額が大きいことに気付きます。

でも返済を止めると何が起こるのでしょうか。

金融機関に差し入れている担保を処分されるのでしょうか。それも確かに想定されることですが、例えば自宅を担保に入れている場合は住むところがなくなってしまいます。金融機関は最終的にはその様な対応を採ることもありますが、リスケを行って誰もが悩むのは、追加の融資が得られなくなるのではないかということです。したがって、コロナに伴う緊急融資を受けたとしても、約定で定められたとおりの返済を続けている企業が多いのも現実です。

一方、コロナ禍により業績低迷が更に続けばどうなるのでしょうか。背に腹は代えられないので、やはり借入金の返済額を減額したり、返済そのものを一時的に止める必要が出てきます。

### ■　本書の対象

そこで本書は下記等の企業の経営者とその経営者を支える専門家の方を対象として、如何なる経営改善計画書を作成すべきかを指南することとしました。

【経営者】

・コロナが急速に拡がった2020年前半より既にリスケを行っている企業
・業績回復が得られず最近になってリスケを行った企業
・背に腹は代えられずこれからリスケしなければならない企業
・新たな追加融資が得られなくなる恐れがあるのでリスケすべきか否かを悩んでいる企業

【専門家】

・中小企業診断士・税理士・会計士・弁護士などの士業

なお、専門家としては士業の方が多く、プロの方ばかりではありますが、その様な方にも参考になればと思い、執筆しています。

## ■　本書の構成

斯様に新型コロナウイルス感染症の影響でリスケせざるを得ない状況になっておりますが、いつが転機になったのでしょうか。

筆者は2020年4月6日だと断定します。

この日に中小企業庁のホームページにこのリスケという言葉が載りました。「新型コロナウイルス感染症特例リスケジュール実施要領を制定しましたので公表いたします」という内容の中で、コロナ禍の影響でリスケという言葉が国の施策として発表されたのです。それに伴いリスケという言葉が頻繁に使われるようになりました。

本書は2020年4月6日を転機としたリスケがそもそもどのようなものなのかを改めて説明し、それを理解していただいた上でこのコロナ禍で何が変わったのかを説明することを主眼としています。

本書の流れとしては、まず前提としてコロナ禍の影響を一通り説明し、そして今一度、リスケに伴う計画の骨子を解説しています。その際には計画策定する際の作り手としての留意点、加えて計画を金融機関を納得させる際の留意点とともに、このコロナ禍による特徴を述べています。

## ■　コロナ禍と金融円滑化法に伴うリスケの違い

コロナ禍によるリスケがリーマンショックの際の金融円滑化法に伴うリスケと何が違うのかをここで簡単に述べておきます。

まず1番大きなことは、コロナ禍の影響の収束が見えづらいことです。リーマンショックの際にも最初は同様の環境でしたが、このコロナ禍はその際よりも悪影響が長く続くのではないかといわれています。これは皆さんも感じ取られていることではないでしょうか。

この影響が長く続くということに関して1つの考え方を示しておきます。

中小企業庁による「新型コロナウイルス感染症特例リスケジュール実施要領」の制度を簡単に説明しておきます。

全国都道府県に展開する中小企業庁が主管とする中小企業再生支援協議会が担い手となり、コロナ禍による影響を受けて資金繰りに困っている中小企業者を対象として、事業改善の検討をまたずに１年間程度の資金繰り計画のみを策定し、金融機関にリスケを要請、場合によっては政府系金融機関からの資金支援も要請するというものです。

この支援の前提として、対象となるのはコロナ禍の影響を受けて最近１か月の売上高が前年または前々年の同期と比較して5%以上減少した会社とあり、殆どの企業が対象になります。その上で自力ないしは金融機関から融資を受けることができるのであれば、半年程度は破産等の恐れがないことを前提として、中小企業再生支援協議会が支援します。

この制度の大きな特徴は、３つあります。

① 資金繰り上の緊急性を優先とし、計画がなくともまずは資金繰りを維持するために新たな融資とリスケを要請する。

この対応は計画がなくてもいいというものなので関係者は相当驚きました。

② 本来必要な事業改善計画を１年後に作成することを課していること。

即ちこの制度を利用した会社は早ければ2021年４月を境にリスケ計画を策定しなければならないということです。

そうです！ 2021年４月からリスケ計画策定が一斉に増えるのです。本書の刊行目的は、2021年からリスケに対する経営改善計画書の作成が必要になるからです。

以上は中小企業庁による「新型コロナウイルス感染症特例リスケジュール実施要領」の範疇での説明でしたが、リスケを実施したり、この範疇以外で中小企業診断士の方が経営改善計画を作成しようとしているケースも多くあることでしょう。

なお、この「本来必要な事業改善計画を1年後に作成する」という1年間という期間を如何に考えるかもポイントになります。

コロナ禍の影響を経営における外部環境の変化として捉えれば、それが収束したのか否かはいつになっても判断は難しいものでしょう。但し、その外部環境に如何に対応したか、即ちその会社が外部・内部の要因分析とそれに基づく工夫により、1年程度の期間があれば事業計画の策定は可能になると筆者は信じております。いえ、可能になるというより、寧ろ経営者としてはコロナ禍が続いても未来永劫に続ける経営を1年以内には確立しなければならないと主張します。

新型コロナウイルス感染症の影響が急速に拡大したのは2020年の春です。したがって、この「新型コロナウイルス感染症特例リスケジュール」という制度を使う使わないは別としても、2021年にはやはりしっかりとした経営改善計画を立てるべきともいえましょう。

但し、リーマンショックの時の外部環境の変化に比べれば、今回のコロナ禍の影響は根底を覆すものであり、そもそも事業の在り方を見直す必要もあるということです。そこで本書では外部環境に加え内部環境の変化を捉えるためにSWOT分析を説明し、加えて事業性の新たな考え方も簡単に示唆しますので参考としてください。

また、事業の在り方を見直すのに加え、2020年9月に発足した菅義偉新内閣は中小企業の生産性向上や再編を促す意向があるようです。この観点を見極めるには、かつての金融円滑化法出口と違ってスピード感を求められることでしょう。それは新たな資金の調達が必要になるということもあり得るはずです。そこで本書では、本来の資金調達とはどうあるべきなのかということも載せております。

③最後の特徴として、リスケ計画を認めてもらう金融機関の大きな変化がある。

最も大きな出来事は金融庁検査マニュアルが 2019 年 12 月に廃止されたことです。但し、金融機関内部の債務者区分算定プロセスに大きな変化が起きるとは考え難いのが本音です。

寧ろそもそもとして、コロナ禍により各々取引先の債務者区分が劣化していくことにより、金融機関自らの体力を疲弊していくことが最も大きな特徴ではないでしょうか。その債務者区分が何なのかも、分かり易くご説明するつもりです。

## ■　筆者の自己紹介

さて、本書に入る前に自己紹介させて頂きます。

1960年8月生まれで1983年に中小企業診断士資格を登録し、そのデビューは大阪市経済局で広域商業診断の外部専門家でした。

その後、1984 年に旧三菱銀行（現三菱 UFJ 銀行）に入行し、退職するまで 28 年在籍しました。在籍は本部が約 3 分の 1、現場経験が約 3 分の 2 でした。本部では審査・国際業務・拠点管理等のセクションを経験し、現場としては新潟支店長はじめ、現場の長を 3 カ所、そして法人取引専門セクションの長を 2 カ所経験し、入行以来一貫して法人部門に所属しており、約 1,500 社の経営者と交流がありました。その銀行を 2012 年 3 月に退職し、4 月から東京商工会議所の中にある東京都中小企業再生支援協議会の一員となり、2020 年の 4 月には 10 年目に入りました。

## ■　最後に一言

**第 10 章**で融資に対する考え方の整理を記載しました。

これは新規融資の受け方としてあるべきロジックを説明しております。その背景を**第 10 章**での冒頭で説明しておりますが、一言で纏めますと「このコロナ禍の対応がリーマンによる円滑化法対応と同じであっては不味い」のです。それを皆様に感じてほしいのです。

当時に比べればコストの削減化等は遥かに進み、経営の舵取りは数段上回っているはずです。言い方を変えますとコストの削減は限界に来ており、企業は生産性の向上を進めることを目指すしかないのです。

その為には新たに融資を受ける局面が出てくることでしょう。

夫々の企業が置かれた環境は様々だと思いますが、一方、個社毎の計画を策定する際にあたっての金融機関との交渉は大体同じものになります。そのポイントを纏めました。

企業運営の経営資源はヒト・モノ・カネ・情報です。それらを円滑に回すにはどうするのかということをベースに、金融機関との安定的な関係の構築、そしてNew Moneyの調達等々を示唆するためのポイントが書かれております。

企業経営者、そして経営者を支える専門家、また金融機関の方々までも含めまして何かしらの参考になればと切に願って執筆いたしましたので宜しくお願い申し上げます。

2021年5月　濱田法男

# 目次

## 第4章　経営改善計画における金融機関とのチェック事項



## 第5章　リスケ計画に関してコロナ禍により変わったこと

## 第 6 章　企業再生における法的再生と私的再生の違い



## 第 7 章　金融機関の債務者区分



## 第 8 章　私的再生における金融機関との交渉術



# 第 2 部　企業再生のために理解しておきたい金融機関の考え方

## 第 9 章　今後の金融機関について

**本書で使用する略称**

- リスケジュール　→　リスケ
- 貸借対照表　→ BS
- 損益計算書　→ PL
- キャッシュフロー → CF
- 中小企業庁が定めた「経営改善計画策定支援事業」→ 405 制度
- 経営革新等支援機関 → 認定支援機関
- 士業 → 中小企業診断士・会計士・税理士・弁護士等の専門家
- デューデリジェンス（企業調査）→ DD
- 中小企業者等に対する金融の円滑化を図るための臨時措置に関する法律 → 金融円滑化法
- 新型コロナウイルス感染症の影響に対応するための国税関係法律の臨時特例に関する法律　→　新型コロナ税特法

# 第1部

# リスケを活用した経営改善の手法

# 序章
## リスケ計画の策定必要性を示す
## コロナ禍の重要な数値

コロナ禍により資金繰りに困窮した企業に対して、2020 年の春から初夏にかけて金融機関から一斉に緊急融資の対応が為されました。それに伴うリスケ、そして緊急融資の返済据置期間が終えること等により更なるリスケが必要になり、経営改善計画の策定が必要になってきました。

本章ではその背景を数値面で簡単に説明します。我が国の経済がリーマンショックを上回る規模の疲弊を呈し、そして、そのためにどれだけ膨大な緊急融資が実行されたのかという説明です。

## Ⅰ　2020 年 4 ～ 6 月期の GDP

我が国の経済全体を表す数値は国内総生産（GDP）です。

第 1 回目の緊急事態宣言が発令された 2020 年 4 ～ 6 月期の GDP 速報値は、物価変動の影響を除いた実質の季節調整値が同年 1 ～ 3 月期から 7.8%、年率換算で 27.8% 減少しました。

これはリーマンショック後の 2009 年 1 ～ 3 月期の年率 17.8% 減を超える、戦後最大の落ち込みでした。この落ち込みは現行基準の 1980 年以降で最悪の落ち込みであったということをご認識ください。その後は持ち直しの動きもありましたが、元のレベルに戻すためには諸外国の情勢を勘案すると、全世界レベルでの安心したワクチン接種が前提になることでしょう。

斯様な中で中小企業に関する状況を示す数値としては、東京商工会議所による「東商けいきょう」という東京 23 区内の中小企業の景況感に関する動向調査が的確です。それによると同時期の業況 DI は前期比▲ 43.4 ポイントの▲ 70.1 となり、2006 年からの調査開始以来で最低の水準でした。GDP とは違う物差しですが、中小企業にとっての厳しさが手に取るように分かります。

## Ⅱ　緊急融資

同調査で行う資金繰り DI も▲ 43.3 と過去最低水準の数値でした。しかし、ここで過去にはない不思議なことが起こります。貸出姿勢 DI は前期比＋ 12.2 ポイントの 9.8 となり、調査開始以来、最大の伸び幅・最高の水準になったのです。

その理由は、新聞紙上では官民含めて 40 兆円の緊急融資を実施等の報道もあった、政府系金融機関を中心としたコロナ対応の緊急融資でした。ここでは金額とは違ったアプローチでその大変さを示します。

政府系金融機関の 1 つに株式会社日本政策金融公庫という組織があります。

2008年10月に国民生活金融公庫・農林漁業金融公庫・中小企業金融公庫の3つが解体・統合して新たに設立されました。

その3つの中で中小・零細企業に最も近い立場が旧国民生活金融公庫であり、その流れを汲む部門が日本政策金融公庫の中の国民生活事業です。

その部門の普通貸付件数が日本政策金融公庫のホームページに掲載されています。コロナの影響によりマスク不足の報道等が増え始めてきた2020年1～3月の普通貸付件数の合計は61,426件でした。そして、2020年4～6月の3か月合計は479,915件でした。

なんと2020年4～6月の貸付件数は1～3月の7.8倍です。通常、金融機関は年度の途中で職員を増やすことはしませんので、普通に考えると1人の職員が2020年の4～6月には直前四半期の7.8倍働いたということになります。勤務時間を8時間として7.8倍の融資事案を決裁したわけですから、これは普通では考えられないレベルです。

そこまで金融機関は緊急融資を対応したということです。

## Ⅲ　事業承継（過去とは違った点として）

最後にコロナ禍とは違った数字を示します。これはこの国の最大の欠点かもしれません。

2019年2月の中小企業庁による資料、「事業承継・創業政策について」の記載では、2025年頃までに70歳(平均引退年齢)を超える中小企業・小規模事業者の経営者は約245万人となり、その内約半数の127万人(日本企業全体の3分の1)が後継者未定になるとのことです。その上で、現状を放置すると中小企業の廃業の急増により約650万人の雇用と約22兆円のGDPが失われる可能性があるとも記されています。

我が国の中小企業の事業承継は過去にないステージに差し掛かっています。それがこのコロナ禍により、財務上は健全であった企業ですら過剰借入と債務超過に陥りつつあるのです。この状況を経営者のみならず、誰しもが認識しておく必要があります。

# 第1章

# コロナ禍の影響と資金繰り
## —リスケ計画策定が必要な企業とは？

コロナ禍により、お金が足りなくなった企業はどのタイミングでリスケを行うことを考えなければならないのでしょうか。

そして経営改善計画を立てる場合には、何がポイントになるのでしょうか。そこをご説明します。

content

# 1 リスケ計画策定必要性判断の前提条件

コロナ禍の影響を被ったとして、自らの企業にリスケ計画が必要かどうかなど、どこから頭の整理をすればよいのでしょうか。

経営者、そして、その企業を支える士業等の専門家の皆様も悩みますね。

様々な整理の仕方があるとは思いますが、本書は金融機関から借入を行い、その返済に悩む企業を対象としておりますので、必要性判断の前提条件を第1には借入があること、そして第2にはその借入を如何に返済するのかの2点とします。

## Ⅰ 借入があること

即ち融資を抱えている企業が対象となりますが、その中でもこのコロナ禍に伴う緊急融資等を受けたか否かを1つ目のポイントとします。

それは何故でしょうか。コロナ禍による店舗の休業等で経営状況が厳しくなった企業は、目先の資金繰り破綻を回避するには緊急融資を受ける必要がありました。但し、この資金は国からの贈り物ではなく、借りたら返す必要がある融資なのです。

目先の資金繰りをしのぐためには必要であったものですが、それは将来のBSやCFに重く圧し掛かってきます。そこが大きな課題であり、将来のことを考えなければならないので何等かの経営改善計画（借入金の返済計画）が必要になるのです。

## Ⅱ 借入を如何に返済するのか

その借入を返済するためには借入を返済できる状態、即ちPLが黒字になることを始めとして一定のCFを確保することが重要です。その一定のCFを確保する状態として、大きく分けると2つの局面が想定されます。

① 外部環境がコロナ禍の前と同じ状況に戻り、それと共に過去の経営状況に戻れた。
② コロナ禍は完全収束せず外部環境は元には戻っていないが、現状の環境で経営が維持できる状況にある。

外部環境が戻らないとしても、コスト削減等で事業継続が可能になった企業も多いと思われます。したがって、本書は上記の②を前提とします。

なお、新規ビジネスの立ち上げやコスト削減等を行っても事業継続が難しいということでしたら、厳しいことではありますが休業・廃業、そして破産手続きを早期に決断することをお奨めします。

極、簡単に説明しますと、BSを見て資産超過なら会社法で定められた手続きとして通常清算手続き（廃業）をするのが代表的な対応策です。

そして、債務超過なら破産手続きが一般的な対応策となります。なお、手続き的に簡易な方法として休業手続きを採ることも可能な場合があります。

ここで最も気を付けねばならないのは、借入が残っている場合です。借入に伴う返済をどのようにするのかを定めなければあらゆる策が取れず、かつ金融機関に対して経営者は連帯保証を差し入れているはずなので、場合によっては経営者の自宅を競売させられるという事態も出てきます。

## Ⅲ　その他注意点

実はもう１点注意すべき点があります。公租公課です。コロナ禍の影響で税金や社会保険の支払いを延期した経営者の方は多いと思います。これが溜まりすぎると、休業や廃業の手続きが取れず破産しか取りえない場合がありますので注意してください。

それ以外として未払賃料が溜まり過ぎますと、大家さんが法的な対応を取ってくるかもしれません。後の章で説明しますが、会社の再生は法的対応と私的対応があります。両者の内、一般債権者に迷惑をかけない手法が私的再生であり、その代表的なスキームがリスケです。したがって、支払い遅延等で一般債権者とトラブルが発生するのであれば、法的対応で臨むしかないのが現実です。

さて、話を戻します。本書ではコロナ禍による外部環境が元に戻っていないとしても、その現在の環境下で経営が維持できる状況にある企業を対象とする旨、説明しました。そのような企業には一言では表せない様々なケースが存在します。そして､それ相応の経営努力を続行していくことが必要です。

それがリスケに伴う経営改善計画の策定だと解釈してください。

## 2 リスケ計画策定必要性判断のステップ

前項でリスケ計画を策定する必要があるのか否かを判断するための前提条件を、第１には借入があること、そして第２にはコロナ禍の影響は兎も角として、現在の環境で経営が維持できる見込みであること、としました。

それに基づき、以下のようにパターン化して会社のおかれた状況を判断します。

目先

① 既に緊急融資を受けたが、資金繰り破綻のおそれはない。

② 既に緊急融資を受けたにもかかわらず、資金繰りが再度厳しくなる見込み。

③ 緊急融資の利用はないものの、資金繰り始め何らかの支障が懸念される。

④ 緊急融資の利用もなく、これからも借入を新たに行う必要はない見込み。

将来的

まず、時間軸的な観点で説明すると①が目先であり、②～④が将来的なものとなります。これはどの時点を起点としても同じはずです。

次に症状で説明すると重症は②と③です。なお、厳密にいうと①～④のすべてに当て嵌まりますが、リスケをしているか否かということがあります。金融機関と返済条件の変更手続きを行っているのならば、緊急融資の利用がない場合でも何らかの経営改善計画を金融機関に提出すべきです。そして、既にそのような指示を金融機関から受けているのではないでしょうか。

なお、金融機関からの借入に対してしっかりとした価値ある担保を差し入れている場合や、借入のすべてが信用保証協会の保証付き融資であれば、煩い指示が一切ない場合もあります。

加えてもう１点、ご説明しておかねばならない借入状況のパターンの会社として政府系金融機関から緊急融資を受けたとしてもリスケは行っていない企業が沢山あります。市中金融機関に対して定められた返済（約定返済）を行っている限り、リスケ計画を求められません。しかし、このような返済状況の会社でも目先の経営環境が徐々に厳しい事態に陥りつつあるのならリスケの申請を早めに行う等の対応が必要であり、やはり計画策定の必要が何れ発生します。

このように重要な視点で上記以外のパターンも発生しますので、そこは柔軟に考えてみてください。

なお、前頁①～④のパターンを元に重症の②と③を中心とした上でコロナ禍の影響が長引いて資金繰りが厳しくなると想定した場合の留意点を参考資料1　タイプ別　コロナを乗り越える金融機関対応として作成しました。次章始め本書で語るポイントを取り込み、融資を得られるケースと夫々のリスケ対応を行う際の留意点を示唆したものです。ある程度パターン化し、どのゾーンならどのような行動を採らねばならないのかということを示唆しています。

この中で「追加融資は得られなかった」という表現がありますが、経営者が勇気を以て融資は利用しないと決断したケースもあると思いますので、そのケースも含んだものと理解してください。

融資というものは借りたら返さねばならないため、勇気を以って新たな借入は利用しないという決断は素晴らしいことですが、それでも貯えていた預金が目減りするのであれば、融資を出している既存の金融機関は心配しますので、そこをしっかりと計画で説明することが必要になります。

また、既にリスケを実行している場合や新たにリスケを実行する場合に折り返し融資が期待できる金融機関には返済を続行し、それが期待できない金融機関にはリスケを要請する経営者の方がいます。そのような状態を偏頗弁済と呼び、この状態に関しては、金融機関の間では公平性を欠いていますので、金融機関は激しく反発します（後の章でも解説します）ので基本的には不味い状況にあるということを認識すべきです。

やや複雑ですが、今後の対応を採る際に参考となれば幸いです。

## 参考資料1　タイプ別　コロナ禍を乗り越える金融機関対応

### i　早急にリスケ計画を提出すべきパターン

既に緊急融資を受けて、リスケもしている。

コロナの影響が長引き、資金繰りに暗雲立ち込める

Ⓐ 追加融資ができ、
リスケも続行。

Ⓑ 追加融資はできなかった。
リスケは当然、続行。

- 追加融資が得られた場合でも得られなかった場合でも、リスケ対応中であれば計画は必要。
- Ⓐの追加融資が得られた場合は良いが、それが得られないとすれば更なる合理化策等を検討する。
- Ⓑの場合、資金繰りが枯渇する時期を慎重に見据えておくべき。なお、返済開始時期を睨むと共に、滞納公租公課がある場合はその分割納付が始まれば、更にキャッシュフローが厳しくなる恐れがあるので、そこまで見据えておく必要がある。
- しっかりした計画を提示しなければ、金融機関が条件変更の契約に応じない局面が想定される。メインバンクを始めとして、各金融機関との意思疎通を綿密に行うべき。
- 計画の中で、リスケを続ける限りでは資金繰り破綻は生じないことを明記する必要がある。

## ii　新たにリスケを検討すべきタイプ

既に緊急融資を受けたが、リスケはしていない。

コロナの影響が長引き、資金繰りに暗雲立ち込める

❶ 追加融資ができたが、リスケは引き続き対応していない。

❷ 追加融資ができた上で、リスケも対応した(注)。

❸ 追加融資はできなかったが、新たにリスケを行った(注)。

❹ 追加融資はできなかったが、リスケもしなかった(注)。

（注）　リスケの実行では一部の金融機関からの折り返し融資を期待して、当該金融機関に対してはリスケを実施せず、他の金融機関にはリスケを要請するケースがある。それは偏頗弁済の状態であり、本来は不味い状況。

- ❶と❹はリスケ対応していないので、計画策定は強く求められない。但し、融資を得る際に提示した計画を遵守するとともに、その進捗状況を融資利用金融機関に報告する必要がある。
- ❷はリスケ対応を採ったので本来は計画が必要。但し、融資が出たということは会社としての資金調達能力は劣化しておらず、計画策定の優先度合いは小さい。
- ❹は最も不味い。本来はリスケ対応すべき。
  追加融資も得られず、リスケもしないとすれば何れかの時点で資金繰りが枯渇する恐れがある。したがって、慎重に先行きの資金繰り計画を策定するとともに、金融機関にはリスケを申し出るべき。
- 計画の中で、リスケを続ける限りは資金繰り破綻は生じないことを明記する必要がある。

### iii　早急にリスケ計画を提出すべきタイプ

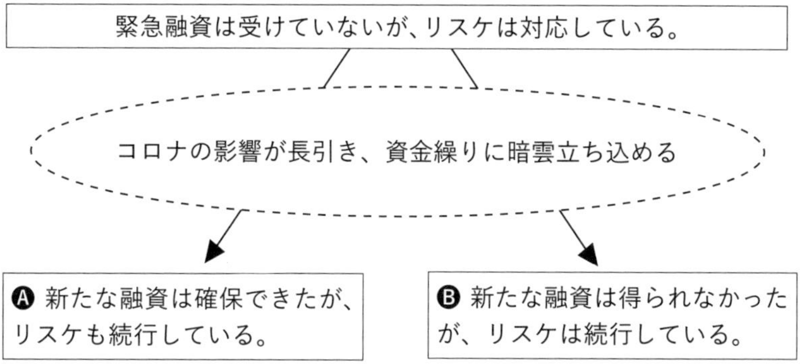


- リスケを利用しているので、計画策定が必要。
- Ⓐの新たなケースが確保できた場合は問題ないものの、Ⓑの融資が得られない場合、既存金融機関から資金調達リスクがあるとのことで、債務者区分を引き下げられる懸念が生じる。
資金調達できなかったということを取引金融機関に隠すことは中々難しく、斯かるリスクで債務者区分を引き下げられる前にしっかりとした計画を提示することが望まれる。
- 追加融資を敢えて利用しなかったとしても、資金繰りが厳しくなる見込みであれば、既存金融機関からは強い懸念が発生する。
- 計画の中で、リスケを続ける限りでは資金繰り破綻は生じないことを明記する必要がある。

### iv　正常先から要注意先にランクダウン（債務者区分）されるタイプ

緊急融資は受けていないし、リスケも対応せず約定通り返済している。

コロナの影響が長引き、資金繰りに暗雲立ち込める

🅐 新たな融資が確保できたので、引き続きリスケは対応せず。

🅑 新たな融資を確保すると共にリスケも対応した。

🅒 新たな融資が得られなかったので、リスケ対応を行った。

🅓 新たな融資は得られなかったが、リスケも対応しなかった。

- 🅐と🅓はリスケ対応していないので、計画策定は強く求められない。但し、🅐に関しては新たな融資を得る際に提出した計画を遵守し、その進捗状況を融資利用金融機関に報告する必要がある。
- 最も問題となるのは🅓のケースである。資金繰りが厳しくなる中、新たな融資もリスケも対応しないのであれば、何れかの時点で資金繰り破綻を起こしてしまう。明確な対応を定める必要がある。
- 🅑と🅒はリスケを利用することになったので、計画を作成する必要がある。
- 🅑の新たな融資が確保できた場合は問題ないものの、🅒の融資が得られない場合、既存金融機関から資金調達リスクがあるとのことで、債務者区分を引き下げられる懸念が生じる。
  一方、隠すことは中々難しく、斯かるリスクで債務者区分を引き下げられる前にしっかりとした計画を提示することが望まれる。
- 計画の中で、リスケを続ける限りでは資金繰り破綻は生じないことを明記する必要がある。

# 3 パターン別　緊急融資利用企業のこれからの十字架

前述のパターン化を違う側面から見ていきます。目先の資金繰りが厳しくなる企業、そして、これから更に経営が悪化する見込みの企業が何をすべきかを４つのパターンに分け説明します。

## I 緊急融資利用企業がするべきこと

**①　貯えが枯渇し続けているとすれば、いつ資金繰り破綻となるのか**

これに関しては追加融資が必要になるのかもしれません。

ここで大きな問題となるのは融資を出す金融機関の審査目線が上がっている懸念があることです。資金繰りが枯渇する中、新たな策が見つからないのであれば、厳しいことですが法的対応を考えるしかありません。

**②　返済が始まった際、原資を確保できる PL 構造（CF）になっているのか**

例えば緊急融資を受けると共に金融機関から返済の据置期間を設けられたケースで返済開始となった際、それは可能なのでしょうか。返済負担率が高まっているはずなので、返済を開始してよいものなのか否かを十二分に事前チェックすることが必要です。

**③　コロナ禍による売上ダウン等により、債務超過に陥っていないか**

これは、BS の問題です。直近決算期の BS が資産超過であっても、このコロナ禍により債務超過に陥ったかもしれません。このパターンは赤字が溜まり続け、債務超過に陥るケースです。金融機関の態度を厳しくさせる事態となります。

**④　緊急融資を借り入れたことにより、債務超過に陥っていないか**

③同様、BS の問題です。

このパターンは緊急融資等の借入を行って債務が増えたが、一方、預金が減り続けて債務超過に陥るケースです。同様に金融機関の態度を厳しくさせる事態となります。

参考資料１　タイプ別　コロナを乗り越える金融機関対応　にて、示唆した企業として採るべき方向性に沿って新たな計画を策定することが必要になります。

なお、留意頂きたいことはこの考え方はリスケを行っていないとしても必要だということです。

リスケを行うことにより、計画を提出しなければならないというのが本書の前提です。したがって、リスケを行っていないのなら計画を提出する必要はないのですが、新たに融資を受ける際にも当然のことながら計画が必要になります。

その際には返済条件の公平性等は勘案しなくても結構ですが、最も大きな問題としてコロナ緊急融資を受けていたとすれば、債務が膨れた状態になっているということがあります。

融資代わり金が預金にそのまま残っていればBSは両建てになっていますので問題はありません。但し、コロナ禍により業績低迷により預金が流出したとして、それが赤字を埋めるための流出ならBSは悪化します。その結果、債務超過に陥ったとしたら難易度の高い計画が必要になります。

## II 過去からの教訓

金融業界には「景気が低迷しているときより、景気が戻り始めた時に倒産件数が増える」といういわれが存在します。景気が上回ったときに資金供給が追い付かない状態です。戦後の復興期から成長期を経て高度経済成長を我が国が推進した際、「護送船団方式」ともいわれた競争の抑制を行いました。その際には厳しい金融行政により企業に資金が潤沢に回らなかったことがあります。金融の自由化が進んだ今となっては無用の考え方かもしれませんが、このような外部環境の緊急事態も想定されます。

このコロナ禍は、気付かない内にBSが傷むのが顕著という傾向があります。

これは個社の問題ですがジワジワと来ますので、お気を付けください。

# 4 コロナ禍に伴う経営改善計画の動き

厳しい経営環境に陥りそうになれば、金融機関の更なる理解を得る対応策を検討する必要が出てきます。

コスト削減等の更なる経営努力は勿論のこと、リスケにより返済額を減額しているのであれば、それをゼロにして貰う等の更なる策が必要です。

そこで、リスケに伴う経営改善計画の策定が必要になります。

この計画策定は、目先で資金繰りが枯渇する事態に陥っている企業は待ったなしに行う必要があり、余裕のある企業もリスケを開始した1年後からスタートする必要があります。その事由は以下のとおりです。

## I 計画策定の必要性

### ① コロナ禍による景気低迷が長引き、2020年に借入した緊急融資の代わり金が枯渇しつつある

緊急融資を受けた際に債務者区分が正常先であり（債務者区分の説明は**第7章**の「金融機関の債務者区分」を参照してください）、かつ約定通りの返済を続けているのであれば、金融機関から計画を求められることはありません。そのような企業が多いと思われますが、コロナ禍による影響が想定より長く続いています。

その際に追加の融資を得るのか、それともリスケすることを検討することになります。

そして、この時に計画の提示を金融機関から求められるはずです。

2020年に融資を受けた際には緊急性を要していたので、左程詳細な計画は求められなかったはずですが、今後追加の融資や約定通りの正常な返済を減額するということになれば、前述のパターンにて計画を求められることになります。

### ② リスケを利用した企業の金融機関との条件変更契約が随時時期到来する

条件変更契約とはリスケを行った際に金融機関と契約するものです。当該

金融機関の審査基準にもよりますが、通常は１年程度の期間を置くことになっています（最短では３か月程度という短い期間の契約もあります）。

したがって、2020年の４月に緊急融資を受け、それと共にリスケを利用し始めた企業は2021年４月から通常の約定返済に戻すことが必要になります。

それが無理ならばリスケに伴う経営改善計画を策定しなければなりません。その判断が2021年の４月より始まることを示唆しております。

**③　金融機関による債務者区分見直しが始まり、その影響が発生してくる**

企業の決算期が最も多いのは３月です。

そこで金融機関は債務者区分の見直しを行います（その手順やポイントを本書では後の章にて詳しく記しています）。

その作業が早ければ2021年の６月から始まります。

そこで債務者区分を下げられたとすれば、金融機関から経営改善計画を求められることがあります。特に担保を差し入れてない場合や、保証協会の保証付き融資を利用していない場合です。

**④　想定以上の公租公課の滞納が発生している**

消費税を中心に新型コロナ税特法第３条及び国税通則法第46条第１項により「納税の猶予」が対応されました。

この制度は納期限から１年間（但し、法人税、消費税の中間納付は確定申告の期限まで）は納税が猶予され、かつ猶予期間内は督促・差押えを受けない上に延滞税が全額免除されるという有利な制度でした。

但し、この制度は上記のとおり１年間であり、その後多くのケースは国税徴収法第151条を根拠規定とする「職権による換価の猶予」に移行されますが、納税者が誠実でない場合には最悪税務当局による差押えという事態が想定されます。それを防ぐには、税務当局に提出する納税計画が必要になります。

この仕組みは重要なことなので、後程詳細を説明します。

以上、①～④を勘案すれば、2021年４月以降にかなりの企業がリスケ計画を求められる事態になることが想定されます。

なお、全国に設けられた中小企業再生支援協議会による特例リスケも、2021 年 4 月より本格的な計画策定が始まる建て付けとなっています。

したがって、まさに 2021 年がコロナ禍によるリスケ計画の策定が必要となる、「元年」になると考えられるのです。

# 5 滞納公租公課の危険性

インターネットにてコロナ禍に対する各種支援策を検索すると、給付金や緊急融資と並び、猶予として国税や社会保険料の納付猶予が出てきます。一定の基準を満たすと利用できるので、この制度を随分と多くの企業が利用しました。

しかし、ここで気を付けて頂きたいことは、これは猶予であって減免ではないということです。そんなことは分かっていると読者の多くの方が反発されると思いますが、実は皆さんが理解していない怖さがあります。

## Ⅰ 2021 年より滞納公租公課のリスクが顕在化する

ズバリ記しますと、以下の３つです。

① 税務署に対して誠実な対応を採らないと、金融機関の預金口座を始めとして場合によっては売掛金への差押えを受けること。なお、誠実な対応とは税務署と話し合いを持ち、しっかりとした分納計画を策定すること。

② 猶予していた税金の納付に加え、新たな年度に発生する納付、そして据置期間が終了した緊急融資の返済が始まることになり、何も手立てを打たないと三重苦の資金繰りになること。

③ 公租公課が溜まり続けると抜本的な私的再生を行うことができず、破産しか採る道がないこと。

## Ⅱ 計画を策定する重要性

このコロナ禍により、国税(注)に関して多くの企業が納期限から１年間の納税の猶予の特例を申請し、ほぼ無条件にそれが認められました。このコロナ禍により消費税と社会保険の猶予の申請が相当数に上っていますが、その納期限が2021年2月以降に順次到来しています。

（注）　国税と同様に、地方税・社会保険料についても猶予の特例が講じられており、同様にその納期限が到来しています。

コロナ禍による納税の猶予特例は猶予期間内に督促・差押えを受けないということ、延滞税が全額免除される、そして担保は要しないということですが、本来の納税の猶予は被災者等の限定適用であり、リーマンショックや東日本大震災の際も「納税の猶予特例」は活用されませんでした。

そして、この納税の猶予の特例が期限到来すると共に、その殆どが「職権による換価の猶予」に移ります。この「職権による換価の猶予」も引き続き公租公課の猶予を得られますが、重要なこととしてこの制度になると、猶予期間内であっても場合によっては税務署による差押えを受ける可能性があります。

その差押えは誠実な納税者ではないと税務署から指摘をされた時に行われます。

納税は国民の義務なので免除されることはありません。分割して納付するなりの義務を背負う訳であり、即ちその分割納付計画を税務署に提示することが必要なのです。それが誠実な納税者であり、そして誠実な納税者は計画を立てることが必要なのです。

リスケに伴う計画を金融機関に提示することに加えて公租公課を滞納している場合は、同様に税務署や年金事務所にも計画を提出する必要があります。

計画を策定するという重要性を、納得頂けたでしょうか。

## Ⅲ　ポイント

### ①　滞納している公租公課を分割納付せず、金融機関の返済を始めてはならない

まず、許されないケースです。ある一定の比率で滞納公租公課の支払いと金融機関の返済を同時に行うことが重要と考えられます。

### ②　何も手立てを打たないと三重苦の資金繰りになる

猶予の延長を行わないと滞納した公租公課の納付が始まりますが、新たな年度に発生する公租公課も何も手続きを行わない限り期限通りに納付しなければなりません。

当然ですよね。

滞納していた公租公課の分割納付に加えて新たに発生する公租公課も支払い、そして据え置き期間を終えた緊急融資の返済も始まるということになります。巡航速度で経営していた当時よりも重い負担となり、一気に資金繰りを圧迫しますので、経営者としてはそれを見越したCFを早めに確保することが必要になるのです。

なお、金融機関の返済と公租公課が滞納された際のマトリックスを添付していますので、1つの目安として活用いただければ幸いです（参考資料2 借入返済・滞納公租公課クロス8）。

### ③ 私的再生を行うことができず、破産しか採る道がない

仮に税務署と協議が成立して分割納付が定まったとしても、溜まり続ける公租公課の影響を見極めねば、法的対応において破産しか対応が採れないという恐れに陥ります。

抜本的な企業再生策の1つとしてスポンサーの支援を基に第二会社方式により過剰債務をカットする方法があります（詳細は**第12章**「企業再生における抜本再生策について」をご覧ください）。

これは、スポンサーが当該企業の事業対価を支払うことになります。

事業の価値は見出すことができたとしても、溜まった公租公課を支払うということになると、事業対価そのものの魅力を上回る評価が必要になります。つまり、ハードルが上がります。スポンサー型による抜本対応であっても、スポンサーからの事業譲渡代金により公租公課の滞納解消ができなければ、通常は法的破産を採るしかないということになります。

## Ⅳ 補足説明

資金繰りにより納付を行うことが困難となり、分割納付を税務署と交渉し

たものの、例えば税務署の調査により金融機関には潤沢な預金があるとか、金融機関には約定通りの返済を行っていることが判明すると、税務署は猶予を認めないということになります。

そして、納税者として誠実な対応を会社が採らないとなると、やむを得ず税務署は当該預金口座や会社の資産を差押えることになります。

差押えされると会社は通常の業務を続行することが難しくなります。そしてそれ以上の怖さがあります。差押えは金融機関との取引約定書の「当然喪失事由」に抵触し、約定において通常の金融支援が不可能になってしまうのです。どんなにメインバンクや士業専門家が支援したいという思いが強くとも、全ての支援が無に帰すことになります。ここが最も怖いところです。

このリスクは良識ある金融機関の職員なら分かっていますので、滞納された公租公課に関しては金融機関の担当者に真摯に相談すべきなのです。そして、リスケ計画にてバランスを取った金融機関への返済と分割納付を記載することになります。

士業の皆様にお伝えしたいことは、会社はこのようなリスクに気付いてないということです。「税務署から督促の電話が何度もあったが、最近はおとなしくなったよ」と高笑いする社長は最も危険です。

税理士や会計士の先生なら十二分にご存知だと思いますが、中小企業診断士や弁護士の先生に重々にお伝えしたいこととして、顧問先が公租公課の延納制度を利用している場合は、税務署・年金事務所で発行される通知書等のコピーを会社から提出を受けて内容を確認し、期限までに納付が難しいときには、必ず期限前に税務署・年金事務所にご相談するよう顧問先を促してください。そして、その事実を金融機関にも説明させてください。その上で、分割納付も金融機関に対するリスケもバランスよく対応する計画を策定させることが肝要です。

## 参考資料２　借入返済・滞納公租公課クロス８

| | 今後、正常返済する予定 | |
|---|---|---|
| | | 滞納公租公課 |
| 現在、<br>約定通り<br>返済中 | **Ⓐ 正常タイプ**<br>・極めて正常なるタイプ。リスケには縁のない企業。<br>・何ら問題は無いが、今後の成長戦略を検討するタイミングでもある。 | **Ⓔ 実は最も危険なタイプ**<br>・金融機関に返済しているものの、延滞公租公課が発生しているということは、税務当局からの差押えのリスクを認識すべき。<br>・至急、税務当局との話し合いが必要。<br>・公租公課の延滞が発生する前に金融機関への返済も止めるべき。 |
| 現在、リスケ<br>（条件変更）<br>中 | **Ⓑ 復活タイプ**<br>・今後、約定返済に戻せる見込みがあるのなら問題は無い。<br>・但し、金融機関には状況をしっかりと報告しておく必要がある。 | **Ⓕ 税務当局と交渉が必要なタイプ①**<br>・税務当局との話し合いが為されることなく、金融機関への返済を開始してはならない。差押えリスクが発生する。<br>・もし金融機関への返済を行いたいというのであれば、滞納公租公課の分納と金融機関への返済を一定の比率で同調させるべき。 |

今後、リスケ（条件変更）せざるを得ない見込み

が発生・発生する見込み

### Ⓖ 税務当局と交渉が必要なタイプ②

- Ⓕゾーンと同様、税務当局との話し合いが為されることなく、金融機関への返済を続行すべきではない。差押えリスクが発生する。
- 何れ金融機関へリスケ計画を提示することが必要だが、それに併せて公租公課の分割納付も検討すべき。

### Ⓒ 業績悪化タイプ

- コロナの影響なのか、それ以外の影響なのかをSWOTにて分析する。
- 資金繰りに影響が出ない内、かつ早めに金融機関には一報しておく。
- ポイントとしては一時的に資金繰りが悪化するのか否か。
- 何れにしろリスケ計画の策定が必要になる。

### Ⓗ 法的再生検討タイプ

- 法令上で対応可能な制度を駆使して、公租公課の支払い延期を検討する。
- リスケではなく、抜本的な再生を視野に入れる。
- 但し、多額の公租公課が溜まると、私的再生による抜本的な対応も採れなくなるので注意する。

### Ⓓ 時間的猶予のないタイプ

- どこまでリスケを続ければよいのか、金融機関も不安がっている。
- 長期的に見ても返済開始できないのであれば、早めに抜本的な再生策を採ることも必要。

# 第2章 そもそもリスケとは

リスケとは一体どういうものなのでしょうか。
そして、このコロナ禍でどのような意味合いが加わったのでしょうか。それをご説明します。

content

# 1 リスケの歴史

リスケとは「貸出金の返済猶予」を指しています。

金融用語として使われるリスケは融資の期間や返済スケジュールを単に組み直すことですが、一般的には融資してくれた金融機関への返済が厳しくなり、その返済計画を見直すこと、そしてそれに付随した計画策定や金融機関との新たな契約変更を指しています。

## Ⅰ リスケの問題点

貸し手と借り手、金融機関と会社の間での立場の違いが発生します。

貸した方は約定通りに返済してもらいたいのは当然であり、借りた方は約定通りに返済したくとも、それができない、即ち返済に回す資金がないのです。

そうなると会社は返済スケジュールを組み直すことを金融機関に相談せざるを得なくなります。それが今回のコロナ禍で起こっています。

## Ⅱ 金融円滑化法に伴うリスケ

ところでこのリスケという言葉が、一世を風靡した時期がありました。

2009年12月に約2年間の時限立法として施行された金融円滑化法に伴うリスケです。

この法律の正式名称は「中小企業者等に対する金融の円滑化を図るための臨時措置に関する法律」であり、当時の亀井静香金融担当大臣が辣腕を奮い2009年12月に施行させました。2008年のリーマンショック後、貸し渋りに加えて貸しはがしが横行し、それを防ぐためのものでした。中小企業や住宅ローンの借り手が金融機関に返済負担の軽減を申し入れた際、できる限り貸付条件の変更等を行うように半ば強制的な対応を求めた法律でした。

そして、法律の期限を迎えても景気は依然として厳しく、結果としては2013年3月末まで延長されました。

その後、この法律の精神を遵守するようにと金融庁は発表していました。そして、徐々に景気がよくなるとともに、例えば金融庁が各金融機関に求めていた「貸付条件の変更実施状況」という報告を2019年3月期で休止するなどの動きがありました。この際の金融庁発表は、条件変更の実行率（実行件数/申込件数）は97%程度（中小企業者向け）で定着し、金融機関に条件変更や円滑な資金供給への姿勢が浸透したとの内容でした。

## Ⅲ　コロナ禍に伴うリスケ

ところが、皮肉なことに程なくこのコロナ禍が起こりました。

2020年3月6日、コロナ禍による資金繰り悪化を懸念した金融庁は麻生太郎金融担当大臣による談話という形で金融円滑化法の枠組みを事実上復活し、2019年3月期で休止したリスケ報告も復活させたのです。

この談話を行うにあたって、金融庁もホームページにて2020年2月28日に「円滑な資金供給や貸付条件の変更等に努めるべき」という要請を金融機関に出しています。

なお、ここで注意してほしいのは、金融庁は円滑な資金供給、そして貸付条件の変更の2つを要請しており、リスケは単なる1つ、双発機でいえば片翼のエンジンのみでした。

もう1つの片翼のエンジンである円滑な資金供給に関しては、業績が厳しい企業に対しては政府系金融機関の日本政策金融公庫、そして商工組合中央金庫及び全国の信用保証協会が担ったものと筆者は判断しています。厳しい業績に陥っている企業に対しては、通常の金融機関はリスケを中心とした対応のみであったと見ています。

もっとも、信用保証協会による保証付き融資に関しては、融資実行の窓口として通常の金融機関による数々の支援があり、保証付き融資残高を多くの金融機関が伸ばしましたが、業績が厳しい企業に対して保証が付かないプロパー融資を出した金融機関は少なかったのではないでしょうか。

# 2 リスケに対する金融機関の見方

リスケに関して、金融機関がどう見ているかを読者の皆様に認識していただく必要があります。

金融機関にとって融資先はお客様です。リスケはそのお客様の資金繰りを助けるものなので、顧客第一を掲げる金融機関としてはリスケ要請を受けざるを得ません。一方で、一般の方から預金していただき、それを原資として融資している金融機関としては、融資が回収できないという事態は何があっても避けねばなりません。

即ち、金融機関の債権管理上ではリスケは回収スピードが遅くなり、リスクが高まる諸刃の剣となります。

また、リスケを申請する要因は業績悪化や資金繰りに問題があるケースなので、金融機関が各企業に付与する債務者区分においては、必ず要注意先のカテゴリーになってしまいます。取引先からリスケの要請がありましたら、その対応は金融機関の規模や業態にかかわらず、どこも同じです。

## I 金融機関のリスケへのスタンス

リスケ支援の検討を行う際、金融機関にとっては回収の極大化に反することは債権保全上、避けねばなりません。例えば、単純なケースとして預金の目減りが続き、リスケの申し出があった時点で回収した方が得策であればそれも厭わないという判断になります。

それでもリスケに応じるか否かは、その金融機関の懸念をひっくり返す策を経営者が持っているか否かがポイントになります。例えば、不稼働資産の売却も含まれ、BS・PL 両面からの説明が必要になります。

しかし、金融円滑化法により、金融機関のスタンスが大きく変わってきました。金融庁の指導により金融機関の態度が一変したのです。取り敢えずは余程のことがない限り、そして不十分な情報開示であっても一旦は暫定的にリスケに応じることとし、不十分な諸事項は事後的に解決するスタンスも併せ持つようになったのです。但し、この対応も1年以上待ってくれることはなく、何もせずに放っておくと不味い事態になります。やはり金融機関に対しては真摯に計画を提示することが必要です。

## II　金融機関がここは容認しがたいという点

- 当該金融機関の返済額が他の金融機関に対して、格差がある場合。
  ⇒一般的には残高プロラタ方式といい、各金融機関の残高に比例して返済額を決めることが原則であり、これが崩れていると金融機関はリスケに協力しない。
- 利息までもが延滞し、それを解消する目途が立っていない場合。
- 取引金融機関すべての協力体制があるか否かも重要。
  ⇒当該金融機関以外の取引金融機関の中で、期限の利益喪失事項が発生していたら当該する金融機関の協力はまず得られない。

## III　リスケすると金融機関の管理が強まる

金融機関はリスケ対応を受け入れた場合、どこの金融機関も当該企業に対する管理を強めることになります。これも金融機関の規模やその業態にかかわらず、どこも同様です。

(注) 詳細は次章の経営改善計画策定時の金融機関とのチェックポイントを参考としてください。

金融機関は、まず当該企業に資金繰り表の提出を要請します。実績と計画を提出する必要がありますが、残念ながらどこの企業も資金繰り計画を策定することは苦手な様子です。

後は試算表と融資残高の推移です。なお、これらの管理資料は経営の一部であり、そもそもとしてPLやBS、そしてCFの計画を提出し、その推移を報告することが必要なことはいうまでもありません。

# 3 リスケ計画策定の流れ

ここで今一度、このフロー等を整理の上、説明します。

405制度の如く定められたルールの中での説明は各所ホームページ等にも多く載っていることですが、ここでは基本的なことを記します。

## I 基本的な事項

### ① リスケ計画の作成

金融機関と取り交わした約定通りの返済（正常返済）を続けている企業は、計画の提出は不要です。

返済額を減額したり返済そのものを停止したりすると、多くのケースで金融機関から計画の作成と提出を求められ、計画を作成することになります。そこがスタートです。

### ② 計画に伴う金融機関からの合意書

中小企業庁が定めた「経営改善計画策定支援事業」（405制度）や、中小企業再生支援協議会による準則型私的整理の場合、金融機関から計画に対する合意書の提出を受けることになります。但し、そのような制度に則ることなく計画を作成した場合、次章で説明する条件変更契約書を締結すれば済むことになります。

### ③ 計画策定に関する費用

会社のみで策定して条件変更契約書を締結するのであれば、専門家に依頼する報酬等は一切発生しませんが専門家等に作成補助等を依頼すると、一般的には会社からその専門家に支払う報酬が発生します。そして、会社や専門家がその報酬の一部を国からの補助金で賄おうとする場合、405制度等を利用することになります。その際は、補助金制度を利用するバウチャーとして、金融機関に合意書等の発行を依頼することが必要です。

## Ⅱ　リスケ計画の合意を得る流れ

### ①　補助金制度等を活用しない場合

会社が計画を策定 → 金融機関に計画を提出 → 条件変更契約書を締結する という流れになり、この流れは通常だと２～３か月程度で完了します。１つの金融機関からしか融資を受けていないという小企業の場合は、この流れで十分です。

なお、会社が計画策定の際に専門家の協力を仰いでも、その報酬に対して国による補助金制度等を活用しない場合もこの流れとなります。

### ②　国からの補助金を活用する場合

リスケ計画策定に際し、専門家を活用するパターンでは上記①の流れに入る前に、制度を担当する窓口での利用申請が必要になります。そこが確認された後、上記①の計画作成と金融機関からの了承を得るプロセスに入ります。

加えて、補助金利用に伴う金融機関からの合意書取得が必要になるため、窓口での申請期間と合意書発行等の期間を勘案すれば、半年近く掛かることがあります。

なお、複数の金融機関から融資を受けている企業がこのような国による補助金制度を活用するケースが多く、そうなると返済が偏頗状態になっていないか、計画の実現性はあるのか等々を複数の金融機関が吟味することになります。そのため、上記①に比べれば長い検討期間を要することになるのが一般的です。

### ③　準則型私的整理に基づき中小企業再生支援協議会が計画に関与する場合

この場合には、計画のステップ毎にバンクミーティングを開催する必要があり、最速でも半年程度は掛かります。

一般的には、関係金融機関すべてが参加するキックオフ会議 → 財務面や事業面にかかわるDD説明の会議 → 計画提示会議 → 金融機関による合意発表の会議 という手順を踏むことになり、このプロセスだと何か障害が発生すると、半年以上掛かることが十二分にあり得るのです。

なお、このケースは規模の大きい会社や傷の深い会社、そして多くの金融機関が対象債権者となる場合なので、このような重いステップを踏むことが必要になるのです。

以上がリスケ計画の流れになります。

それ以外にも弁護士による特定調停を利用する方法、または各地の信用保証協会による経営サポート会議の制度を利用する方法等々があります。

夫々の手順に則り計画を策定して金融機関を納得させることになりますが、基本は 計画を策定 → 金融機関に計画を提出 → 条件変更契約書を締結する という流れです。

前述のとおり、リスケは金融機関にとって債権管理上、大きな問題発生となります。当然のことながら厳しい対応にならざるを得ません。

そのような事態であることをしっかり認識し、計画というペーパーを土台として金融機関との議論を重ね、真摯に対応すれば上記のプロセスは円滑に回ることになります。

つまり、金融機関と喧嘩ばかりしていたのでは前に進まないということになります。だからこそ金融機関の考え方を先回りして理解するために、本書を活用していただければと考えます。

# 4 条件変更契約の重要性

リスケを利用した企業の金融機関との条件変更契約が随時時期到来することにより、計画策定が必要になると記しました。

この条件変更契約とはどのようなものなのでしょうか。そして何故、この契約がそんなに重要なのでしょうか。

金融機関とリスケ交渉を行い、それが無事に承認されれば条件変更の契約書を締結します。略称としては条変（じょうへん）と呼ばれ非常に重要なものですが、各々の金融機関で書式も違いますのである意味では掴み難いものです。

## Ⅰ 書式の説明

厄介なことに金融機関によって名称が若干違います。

最も多いのは「変更契約証書」で、堅い金融機関では「債務承継弁済契約証書」という名称もあります。

会社毎ではなく借入１本毎で作成され、その中の項目は、金額・金利・利息支払方法・連帯保証人等が明記されています。なお、変更契約なので、どの原契約（約束手形・金銭消費貸借契約証書・当座勘定貸越約定書等）に基づくものかも記載されています。

そして、最も重要な項目は返済開始予定日です。いつまでその金融機関が返済を停止するのか、いつまで減額した金額の返済を容認するのかということであり、これを取引金融機関が夫々に気にします。「メインの○○銀行さんはいつまで待ってくれるのですか」という質問を受けることが多いはずです。したがって、金融機関毎にその一覧表を作成しておくことをお奨めします。

## Ⅱ 期限の利益の喪失の怖さ

どうして「いつまで待ってくれるのですか」と気にするのでしょうか。

これはリスケ計画に金融機関が合意したとしても、この変更契約を締結しなければリスケが法的に認められないからです。上記で記した原契約が生きており、会社は期限の利益を喪失した状態になっています。

その期限の利益喪失とは「銀行取引約定書」の第５条に定められています。この「銀行取引約定書」は信用金庫であれば「信用金庫取引約定書」、信用組合であれば「信用組合取引約定書」と名称が異なりますが金融機関と取引するにあたっての最も基本的なルールが記載されており、その内容はほぼ同様のものです。

**①　条件変更契約を済まさないと期限の利益を主張できないリスク**

期限の利益とはその期限が到来しないことによって当事者が受ける利益のことを指します。

例えば、債務者は期日が到来するまでは債権者からの返済の要求を受けても、借入金を返済する義務がありません。期限さえ得られれば、借りた立場の方が強いのです。銀行取引約定書の第５条の利益喪失事項には「当然喪失事由」と「請求喪失事由」があります。

「当然喪失事由」は倒産時や不渡り、そして預金に対して差押命令等が発送された時です。

「請求喪失事由」とは金融機関の判断により期限の利益を失うことであり、その中に債務の履行遅延があります。ここが最も怖いところです。即ち条件変更契約を済まさないままだと、会社は期限の利益を主張できないということになります。

もう２点、リスクがあります。

**②　高い金利で計算されるリスク**

金利が高くなるのは嫌ですよね。

条件変更の手続きが遅れることを多くの場合「期流れ」と呼びます。この遅れた期間に対して約定金利ではなく遅延損害金の金利で計算されることがありますのでご注意ください。

遅延損害金とは延滞利息とか遅延利息とも呼ばれるもので、一般的には14～15％と定められています。

高いですよね。民法が改正されたので、この高い金利の見直しが進むとは思うのですが、期流れの期間はこのような高い金利で計算される場合があることを認識しておいてください。

なお、「計算される場合がある」という表現の意味することは、事務的な手続き遅延なら、原契約の約定金利が 2% であればそれで計算されるところ、極端な場合、金融機関から何度も経営改善計画の提出を要請されても会社が無視し続けたときには、高い金利で請求されることがあるということです。

金融機関との信頼感がなくなれば、このようなマイナスの事態にもなりかねません。

### ③　条件変更手続きが流れたままでは事故が起こった状態と同様

大きなリスクとして、条件変更手続きが流れたままだと、金融機関にとっては当該企業と事故が起こった状態と同様となります。

「単なる期流れと認識していたら、その企業の信用不安に繋がるリスクにもなる」というのが怖いところです。

例えば、期流れを起こしている企業が振り出した手形を、その企業の取引先が金融機関に割引を依頼したとします。割引を依頼された金融機関は、事故が起きている会社が振り出した手形を割引くことはできません。割引を依頼した企業にその手形を返却することになります。手形が返却されたとなると同業の間で「あの会社の手形を金融機関に割引依頼したら戻された」という情報が飛び交い、通常の商取引にも差し障りが出てきます。

リスケという私的再生で対応していたはずが、そこでは納まりきらず商取引に影響を及ぼしてしまう法的対応に移行せざるを得なくなるのです（詳細は**第６章**で企業再生における法的再生と私的再生の違いで解説します）。

条件変更取引が遅れる怖さが分かりましたでしょうか。期流れには注意しましょう。

# 第3章 経営改善計画について

この章では、リスケに伴う計画書に関して説明します。

一部の資料は著者がかつて出版した専門書の中でも掲載しておりますが、時勢に合わせて若干を変更したものです。

さて、説明を始めましょう。

content

## 参考資料3　BSPLCF クロス 8

| | PL 黒字 | |
|---|---|---|
| | | CF が芳しくない |
| BS<br>実質<br>資産超過 | **Ⓐ　正常タイプ**<br>・極めて正常なタイプ。<br>コロナ禍には縁のない企業。<br>・仮にこのタイプで金融機関取引に支障ある場合は、粉飾の疑いあり。<br>・中長期的な業績トレンドのウォッチが必要。トレンド悪化の場合は要注意。早目の対策が必至。 | **Ⓔ　勘定あって銭足らずタイプ**<br>・無理な営業の拡大や過大投資（在庫・設備）に注意。<br>・金融機関から新たな支援を得られるかもしれないが、適正な自己資金とマーケットを見据えた投資になる様にすべき。 |
| BS<br>実質<br>債務超過 | **Ⓑ　外科手術で何とかなるタイプ**<br>・比較的安心できるタイプ。<br>・因みに経営者は、債務超過という状況を正当に認識していないケースあり。<br>・債務超過解消期間がポイント。 | **Ⓕ　難しいが何とかなるタイプ**<br>・適正利潤が確保できているか等をチェックし、コストダウン等による CF 確保を早急に指導すべき。<br>・加えて、PL や製造原価に関して粉飾の疑いが無いかを要チェック。<br>・このタイプも BS の外科手術が必要であるが、PL の中長期計画を策定させることがまずは必要。 |

| PL赤字 | |
|---|---|
| **Ⓖ　体力食い潰しタイプ**<br>・危険なタイプ。債務超過に陥らない限り大丈夫と信じる経営者がいるが、専門家による早目のアドバイスが必須。<br>・CF が回らないとすれば、いつまで体力が持つのかを先ずは見極めるべき。 | **Ⓒ　正常な営業ができていないタイプ**<br>・CF が出ている限りは約定返済できるが、返済原資を確認すべき。<br>・このタイプも危険。CF が早晩回らなくなる恐れあり。<br>・一時的な要因で PL が赤字になっているのか、それとも将来に亘るのかを見極めることが必要になる。 |
| **Ⓗ　抜本対策必要タイプ**<br>・全てに難があるが当該パターンの企業は多く、早期に自発的な決断が求められる。<br>・BS の外科手術、営業の再生等全てを施さねばならない。企業再生として、最も難易度の高いタイプ。<br>・ファンドや M&A を活用することも制限され、勇気をもって法的再生を決断することも必要。 | **Ⓓ　時間的猶予のないタイプ**<br>・CF が出ているのが不思議なタイプだが、再生計画の策定は可能。<br>但し CF がいつまで続くのかを見極める必要あり。<br>・まずは PL を確固たるものとし、次に外科的処方で BS に手を入れることが効率的。 |

# 1 BS、PL、CF による分類

参考資料3 BSPLCF クロス8 は、拙著『中小企業再生の実務』（日本評論社）（以下、「前書」）の中の表を一部時代の流れと共に改定したものです。経営分析の基本においてコロナ禍による影響はないため、同表をまずは説明します。

この表は当該企業の財務諸表に基づき、その症状を判断する為の目安を示したものであり、当該企業にとってどのような再生が必要なのかを判断して頂くためのものです。

まずは CF を無視して、PL と BS をご覧ください。A ～ D のゾーンです。PL が赤字で BS も債務超過の D ゾーンは最悪の経営状態です。

この A ～ D のゾーンに CF がマイナスかプラスの場合を掛け合わせて CF がマイナスの E ～ H ゾーンを定義したのが「BSPLCF クロス 8」です。

リスケに伴う経営改善計画でも、そして、その他の計画でもまずはこのカテゴリーで企業を診ることをお奨めします。

なお、この CF は、まさしくそれが金融機関にとっての返済原資となるものですので、彼らにとっては最も重要なものになります。一般的には利益と減価償却と捉えていただいて結構です。

この CF を表すものを CF 表と呼び（CF 計算書とも呼びます）、非常にナイーブな表であり、現金の増減とその理由を示す役割を担います。決算の期首にいくらの現預金があって、期末にいくら残っているかという現預金の流れが把握できるのです。CF 表を確認すれば、現時点で手元にある現預金の額を把握することができますが、同様の役割として資金繰り表があります。但し、CF 表と資金繰り表とは若干性格が異なりますので、ご注意ください（後程、ご説明します）。

因みに、財務三表のうち、「貸借対照表」は資金の調達方法と運用の仕方を表し、「損益計算書」は利益の生み出し方を表しています。貸借対照表（BS）、損益計算書（PL）、キャッシュフロー（CF）表は深く関連していて、企業が置かれている状況を総合的に判断することができます。

CF表は、下記のような構造になります。

期末のキャッシュ残高 ＝ 期首のキャッシュ残高 ＋ 期中のキャッシュ増額分 － 期中のキャッシュ減少分

その中に、「営業活動によるCF」「投資活動によるCF」「財務活動によるCF」という３つの区分を作り、よりわかりやすく資金の流れを表しています。

最後に金融機関からの借入や返済を加味して財務CFが算出されます。これが当該企業の現預金残高に繋がるものであり、「営業活動によるCF」と「投資活動によるCF」の中で金融機関への返済額を定めることになります。

通常はCFの７～８割程度を返済に充当させるのが一般的な目線です。仮に金融機関から新たに融資を受けることができないのであれば、業績を反転させる設備投資や増加運転資金を捻出する際、既存借入金の返済金額を抑えるしかないということになります。

PL計画から算出される利益というCFに対し、BS計画から算出されるCF（特に売掛債権・在庫の抑制）の方が効き目は大きく、そこを如何にコントロールすべきかが大きなポイントになります。

なお、一部の経営改善計画の中で、BS勘定科目を反映させないCFを活用したものもありますが、筆者はBSを勘案しない計画はお奨め致しません。

CFは金融機関にとって最も興味あるものであり、そのCFはBSとPL次第になります。実際に企業を再生する際には、まずこのマトリックスに当該企業を嵌め込んでみてください。

リスケをしているのか否かとか条件変更の期日が迫っている等の事務的なことは二の次として（それも重要なことではありますが）、当該企業がどのような状況なのかを判断する為にこの考え方を活用して頂きたいと考えます。

## 参考資料4　BSPLCF クロス 8　タイプ別処方箋

| BSPLCFクロス8 | | | | 代表的な再生スキーム | | | | | | | | | | | | | | |
|---|---|---|---|---|---|---|---|---|---|---|---|---|---|---|---|---|---|---|
| タイプ | BS | PL | CF | 社長のやる気 | 社員のやる気 | スタッフの層 | 管理態勢 | 後継者有無 | コスト削減余地 | 企業所有の資産 | 経営者個人資産 | 技術力・開発力 | 市場開拓力 | 再リスケ | DDS | DES | 債権カット | 第二会社 |
| A | ○ | ○ | ○ | ● | | | | | | | | | | | | | | |
| B | × | ○ | ○ | ● | | | ● | | | ● | ● | | | ● | ● | | ● | ● |
| C | ○ | × | ○ | ● | | ● | ● | | ● | | | ● | ● | ● | | | | |
| D | × | × | ○ | ● | ● | ● | ● | ● | ● | ● | ● | ● | ● | ● | ● | ● | | |
| E | ○ | ○ | × | ● | | | ● | | | | | | | ● | | | | |
| F | × | ○ | × | ● | | | ● | | | ● | ● | | | ● | ● | ● | ● | ● |
| G | ○ | × | × | ● | | ● | ● | | ● | | | ● | ● | ● | | | | |
| H | × | × | × | ● | ● | ● | ● | ● | ● | ● | ● | ● | ● | ● | ● | ● | | |

（注）チェック事項及び再生スキームに●の付いているものが、当該タイプ別分類

| | | | | | | ポイント |
|---|---|---|---|---|---|---|
| ファンド | M&A | 経営指導 | 経営者更迭 | 法的再生 | 廃業勧告 | |
| | | ● | | | | ・リスケ対象先ではない。 |
| ● | ● | ● | | | | ・企業及び個人の所有資産売却等でBSが健全になるか。<br>・一時的なBS劣化なのか否かの調査が必要。<br>・BS回復に時間が掛かるようであれば、DDS等の抜本策を検討。 |
| | ● | ● | | | | ・PL改善策の検討。<br>・PLとCFの関連性を調査。本業CFが不調は不味い。<br>・企業価値が残っている内のM&A（売）の検討。 |
| | ● | ● | | | | ・CF原資を見極めると共に、それが途切れる時期を精査。<br>・抜本策の検討が必要。<br>・正常な財務に戻るまでの再リスケを検討。 |
| | ● | ● | | | | ・企業の実力に合った投資になっているかを調査。<br>・営業や回収方法に無理が無いかを調査。<br>・正常なCFに戻るまでの再リスケ期間を設定。 |
| ● | ● | ● | | | | ・無理な営業になっていないかを検証の上、指導。<br>・BSが正常になるまでの期間検証が重要。<br>・場合によっては、M&A（売）の検討もありうる。 |
| | ● | ● | | | | ・BSの正確な精査が必要。毀損した勘定科目が存在する虞あり。<br>・債務超過に陥る時期を検証し、厳格な時間軸の再生策を策定。<br>・適正マージンの取れる営業方法を指示。 |
| | ● | ● | ● | ● | ● | ・財務内容を検証すると共に会社の社会的存続意義を検討。<br>・廃業勧告実施を検証し、場合によっては真摯に説得。<br>・存立基盤が大きな会社の場合は、再生に繋がる法的処置を検討。 |

企業に必要な項目と考えられる。

# 2 経営の傷み具合による処方箋

参考資料4 BSPLCF クロス8タイプ別処方箋 は 参考資料3 BSPLCF クロス8 のA～Hゾーンに対する1つの目安の策として勘案してください。

企業の窮境要因は千差万別です。人間に例えても病気の病状は千差万別であり、またそれに加えてその治癒方法に関しても患者の体力や年齢、おかれた環境等々諸々の要因をすべて加味して総合的に判断されるべきであります。

したがって、企業においても同様であり、このような単純な一覧表で語るべきものではありませんが、まずは取り敢えず検討の目安として頂ければ幸いです。

**【参考資料4の注意事項】**

- チェック事項は代表的なものを掲げている。これ以外にも数々の事項があり、記されているものは単なる目途として捉えて欲しい。
- 代表的な再生スキームも目途として記している。最終的にはこれらの手法を組み合わせたり、また夫々から派生する手法もあり、あくまでも参考として認識して欲しい。
- 業績が厳しい会社ほど経営計画策定に時間を要することがある。

# 3 計画策定時のメリハリ

参考資料5　経営改善計画　策定負荷目途一覧表 はやや高度な資料であり、国が認める認定支援機関の方々を対象としています。専門家の方が経営改善計画を策定する際、この表に基づいて調査の深度・緻密度を柔軟に対応することをお奨めします。

## Ⅰ 認定支援機関とは

認定支援機関の正式名称は経営革新等支援機関であり、2012年8月30日に施行されました「中小企業経営力強化支援法」（現在の「中小企業等経営強化法」）に定められた機関です。専門知識や実務経験が一定レベル以上の個人・法人組織に対して国が認定する公的な支援機関であり、税理士・中小企業診断士・会計士・弁護士等の士業が中心です。士業以外にも商工会や商工会議所など中小企業を支援する団体の他に金融機関やコンサルティング会社が認定されており、主に国が支援する補助金制度の担い手としても活躍しています。

## Ⅱ 経営改善計画　策定負荷目途一覧表について

そのような専門家の方たちが経営計画を策定する際のメリハリとして、この表を作成致しました。

売上規模と融資残高を基準とし、各調査項目に関して「この規模ならこの段階の調査まで必要」という一覧表です。

## 参考資料5　経営改善計画　策定負荷目途一覧表

| 企業規模 | 小規模 | 中規模 |
|---|---|---|
| | 売上：1億円未満かつ有利子負債1億円未満 | 売上：10億円未満かつ有利子負債10億円未満（小規模を除く） |
| モニタリングを含む計画策定費用 | 100万円以下 | 200万円以下 |
| 財務DD | 認定支援機関＋メイン金融機関の情報 | 認定支援機関（実態BSを中心） |
| | 基本的には、債務者と供に認定支援機関が金融機関の保有する財務情報を擦り合わせた上で、債務者の実質BSと見なす。 | 認定支援機関がある程度の独自調査を行い、実質BSを試算した上で、計画策定の基礎情報として活用する。 |
| 在庫・売掛金等の調査 | 認定支援機関＋メイン金融機関の情報 | 債務者＋認定支援機関 |
| | 金融機関の保有する財務情報を尊重するものの、ヒアリングを中心とした認定支援機関として最低限のチェックは行う。 | 机上または簡易な内部調査で可能な範囲で毀損した売掛金や一定期間以上を経た在庫を洗い出し、実態BSを算定する。 |
| 不動産評価 | メイン金融機関の情報 | メイン金融機関の情報＋認定支援機関 |
| | 簿価をベースとし、時価アプローチを行う必要はまず無い。 | メイン金融機関が保有する評価をベースとするが、金融機関の依頼によっては路線価・固定資産評価額等をベースに検証を行う。 |
| 事業DD | 債務者＋認定支援機関 | 債務者＋認定支援機関 |
| | 債務者の考え方を中心に認定支援機関がその課題を整理の上、具体的施策をベースに計画策定する。 | 机上もしくは簡易なる内部調査で可能な範囲で、事業の把握・課題の抽出・具体的な改善策の立案を行う。 |

| | | |
|---|---|---|
| | PL中心の簡易型をベース | PL及びBS双方からの分析をベース |
| CF計算書 | FCFはPL中心としたものでも可とする。場合によっては個人資産の取り崩し等もCF原資とする。 | FCFはPLを中心としたものでも可とするが、所要運転資金の改善等BS関連科目を盛り込ますことが妥当。 |
| 計画書式 | ひな形（詳細部分は削除可）(注) | ひな形（フル）(注) |
| | ビジネスモデル図やそれに基づくアクションプラン設定を重視する一方で、計数関係は作業負担を考慮し必須表のみで可とする。 | 客観性や検証可能性を重視し、財務3表（実質BS・PL）も含め、中企庁提示モデル案に沿って作成する。 |
| その他 | 別紙金融機関チェック表の全てを押さえる必要はない。尚、最低限のチェック（偏頗弁済の是正等）は必要。 | 別紙金融機関チェック表に基づき、各項目に留意する。また場合によっては、ガバナンスや経営者責任にも対応する。 |

（注）ひな形とは、次項4「モデル的なリスケ計画とは」に掲載の計画を指す。

| | 中堅以上① | 中堅以上② |
|---|---|---|
| 企業規模 | 売上：10 億円以上または有利子負債 10 億円以上 | 売上：10 億円以上または有利子負債 10 億円以上 |
| | 認定支援機関として支援可能なもの | 中小企業再生支援協議会や事業再生 ADR を活用すべき案件（法的再生を前提とする案件も含む） |
| モニタリングを含む計画策定費用 | 300 万円以下 | 認定支援機関としての関与を超すもの |
| 財務 DD | 複数名の認定支援機関（フル DD） | 外部専門家（フル DD） |
| | 財務 DD に精通した専門家を組成し、債務者の財務状況を総合的に調査した上で、計画策定の基礎情報として活用することが望ましい。 | 財務 DD に精通し、かつ債務者と利益関係の無い外部専門家が DD 実施。ないしは会社が作成した報告書を再生支援協会等の外部専門家が検証する。 |
| 在庫・売掛金等の調査 | 複数名の認定支援機関（フル DD） | 外部専門家（フル DD） |
| | ノウハウ有する認定支援機関により原価管理や在庫管理状況を調査、売掛金の毀損も明確にする。併せて正常収益力を解明する。 | 財務 DD に精通し、かつ債務者と利益関係の無い外部専門家が DD 実施。その上で正常収益力を算定し、事業計画の検証を行う。 |
| 不動産評価 | 認定支援機関＋外部専門家（簡易鑑定） | 外部専門家（正式鑑定） |
| | メイン金融機関が保有する評価をベースとするが、金融機関の依頼により、不動産鑑定士等による調査価格・鑑定額を取得する。 | メイン金融機関とは利益関係の無い不動産鑑定士等による調査価格・鑑定額を取得する。 |

| | | |
|---|---|---|
| 事業DD | 複数名の認定支援機関（フルDD）<br>ノウハウ有する専門家を組成し、債務者の窮境要因確定とその除去策をベースとする事業計画を検証し、計画策定の骨子とする。 | 外部専門家（フルDD）<br>事業DDに精通し、かつ債務者と利益関係の無い外部専門家がDD実施。その上で正常収益力をベースとした事業計画の策定支援を実施。 |
| CF計算書 | PL及びBS双方からの分析<br>借入金返済原資と所要運転資金を加味した営業CF、加えて財務CFも明確にし、返済計画案を提示する。 | PL及びBS双方からの分析<br>財務三表を作成の上、債務超過解消期間も明確にしたCFを作成する。またCFに対する返済額を全金融機関が納得できるものとする。 |
| 計画書式 | 独自様式（要点のみ）<br>必ずしもひな形に縛られる必要は無く、寧ろメイン金融機関が指摘するポイントをカバーする計画書とする。 | 独自様式（フル）<br>DDを必須とする私的整理のガイドライン等に沿った計画と同等のものにする。 |
| その他 | 別紙金融機関チェック表に基づき、計画策定～バンクミーティングにまで、メイン金融機関と精緻な意思疎通を図る。 | メイン金融機関との意思疎通は必要だが、他の金融機関に対して衡平性の観点で接することが必要。 |

**【注意事項】**

・バンクミーティングでの金融機関合意ができなければ制度としての費用負担対象にならないため、やや金融機関サイドに立った考え方になっている（但し、債務者の事業・財務内容次第であることはいうまでもない）。

・経営改善計画に関して、認定支援機関向けマニュアルでは、ビジネスモデル俯瞰図、会社概要表（株主、役員構成。役員等との資金貸借、沿革等）、資金繰実績表、具体的改善施策及び実施時期、実施計画（アクションプラン）及び3年程度のモニタリング計画、資産保全表、貸借対照表、損益計算書、CF計算書等の計数計画、金融支援（条件変更、新規融資等）が必要とされている。

例えば、在庫・売掛金等の調査に関して、売上1億円未満かつ有利子負債1億円未満の企業であればヒアリングを中心とした認定支援機関として最低限のチェックで良しとして、売上10億円以上または有利子負債10億円以上の企業であれば相応のノウハウを有する認定支援機関によるチェックが必要としています。その場合、在庫であれば原価管理や在庫の管理状況を調査することを前提としています。また、売掛金の毀損（回収できない売掛金）も明確にすべきです。なお、表の一番右の楯列は国の組織である中小企業再生支援協議会や地域経済活性化支援機構、そして事業再生ADRによる調査レベルを想定しています。

但し、本一覧表は目途であり、債権者（金融機関）の数や業態、そして対象とする会社のBS・PL・CFの毀損度合い等により、各々その調査深度が変わることを前提としており、その点も注意が必要です。一般の読者の皆様はこの表をご覧になり、計画の調査レベルにもいろいろとあるのだなということをご認識頂ければ十分だと思います。

なお、上記にて売上1億円未満かつ有利子負債1億円未満の企業であれば、最低限のチェックと記しておりますがこの最低限というニュアンスは悪い意味での最低限という意味ではありません。売上1億円未満の会社ですと深く精査するための負荷が必然的に増してしまうという事実があり、それは企業にとっても金融機関にとってもマイナスになる恐れがあります。計画策定や調査そのものが、当該企業の業務妨害になることは避けねばなりません。最低限の調査で全体像が表せれば十分ということなので、そのように解釈して頂ければと思います。

# 4 モデル的なリスケ計画とは

では、実際に具体的なリスケ計画をご覧ください。

これも認定支援機関と関係あるものです。認定支援機関の所轄官庁である中小企業庁が認定支援機関を紹介するホームページ（認定支援機関による経営改善計画策定支援事業）に掲載している最もポピュラーな形式です。

**参考資料 6　経営改善計画書（中企庁による事例サンプル A）**

（55 ～ 68 ページ）

中小企業基盤整備機構　認定支援機関向け研修資料より

## 経営改善計画書

「中小企業の新な事業活動の促進に関する法律」に基づく経営革新等支援機関による経営改善計画策定支援

○年○月○日

甲株式会社
代表取締役社長●●

【留意事項】
本経営改善計画書の雛形はあくまでもサンプルであり、地域における金融環境、企業の状況に応じて適宜変更されることを想定しています。
※本資料は、認定支援機関向け経営改善・事業再生研修【実践力向上編】（株式会社きんざい）の事例をベースに作成をしています。

## 認定支援機関作成支援⇒社長検証

はじめに

当社は、昭和52年1月に××県△△市に創業以来、36年間にわたって、独立系の自動車部品の3次請負メーカーとして、自動車用ホイールの切削加工業を営んで参りました。自動車の国内生産台数の増加にあわせ当社の売上高も順調に増加しておりましたところ、

実情に応じて適宜記載

度の大幅な受注減に見舞われ、平成24年5月度には3年振りの営業赤字に陥るとともに、結果として新工場は過剰設備となり、資金繰りにも苦慮する事態となりました。
こうした事情により、取引金融機関様のご理解とご協力を仰ぐべく、本事業再生計画書（以下「本書」という）を策定いたしました。

本書に記載しましたとおり、今後は当社の課題である「営業体制の強化」「さらなる経費削減」「旧工場の処分」に取り組み、事業面及び財務面での再構築を行い、再建を図っていく所存です。

取引金融機関様におかれましては、何卒ご理解とご支援を賜りますようお願い申し上げます。

●年●月●日

甲株式会社

代表取締役社長　●●

## 認定支援機関作成支援⇒社長検証

# ≪ 債務者概況表≫

① 対象先・概要

| | | | | | |
|---|---|---|---|---|---|
| 事業者 | 甲株式会社 | | | | |
| 連絡先 | ●●●－●●●－●●●● | 住所 | ××県△△市●● | | |
| 業種 | 製造業 | 設立年月日 | 昭和52年1月25日 | 年商 | 322 百万円 |
| 事業内容 | 自動車部品 | 代表者 | ●● | 年齢 | 60 歳 |
| 資本金 | 10百万円 | 従業員数 | 25名 | 金融機関 | ①A銀行 ②B銀行 ③C信金 ④ ⑤ |

事業内容・沿革
昭和52年1月　××県△△市にて創業
平成23年12月　××県△△市に新工場取得

株主構成

| 名前 | 株数 | 関係 |
|---|---|---|
| ●● | 3,500 | 社長 |
| ●● | 1,200 | 長女 |
| ●● | 300 | 長男 |
| 計 | 5,000 | |

役員構成

| 名前 | 役職 |
|---|---|
| ●● | 代取 |
| ●● | 取締役 |
| ●● | 取締役 |

② 財務内容及び問題点

平成24年9月期　　単位：百万円

| 資産の部 | 決算 | 修正 | 実質 | 負債の部 | 決算 | 修正 | 実質 |
|---|---|---|---|---|---|---|---|
| 現預金 | 39 | | 39 | 支払債務 | 5 | | 5 |
| 売上債権 | 19 | ▲1 | 18 | 短期借入金 | 21 | | 21 |
| 棚卸資産 | 1 | | 1 | その他 | 28 | | 28 |
| その他 | 10 | | 10 | 流動負債計 | 53 | 0 | 53 |
| 流動資産計 | 69 | ▲1 | 68 | 長期借入金 | 340 | | 340 |
| 土地 | 118 | ▲7 | 111 | その他 | 3 | | 3 |
| 建物(附属含) | 118 | ▲7 | 111 | | | | 0 |
| その他 | 48 | | 48 | | | | 0 |
| 有形固定資産 | 284 | ▲14 | 270 | 固定負債計 | 344 | 0 | 344 |
| 無形固定資産 | 0 | 0 | 0 | 負債合計 | 397 | 0 | 397 |
| 会員権 | 0 | | 0 | 資本の部 | 決算 | 修正 | 実質 |
| 投資有価証券 | 1 | | 1 | 資本金 | 10 | | 10 |
| その他 | 71 | ▲2 | 70 | その他 | 18 | ▲16 | 2 |
| 投資等 | 72 | ▲2 | 70 | | | | 0 |
| 固定資産計 | 356 | ▲15 | 341 | 自己資本 | 28 | ▲16 | 12 |
| 資産合計 | 425 | ▲16 | 409 | 負債・資本合計 | 425 | ▲16 | 409 |

主要項目コメント及び問題点
【資産査定】
滞留売掛金▲1、旧工場の含み損▲14、保険積立金の含み損▲2

【財務上の問題点】
平成23年9月に約弁正常化も足元の資金繰り厳しい。

③ 業績推移等

| (単位：千円) | 22年9月期(実績) | 23年9月期(実績) | 24年9月期(実績) | 25年9月期(見込) |
|---|---|---|---|---|
| 売上高 | 222 | 350 | 322 | 138 |
| 営業利益 | 21 | 39 | ▲27 | ▲35 |
| 経常利益 | 35 | 45 | ▲23 | ▲26 |
| 当期利益 | 35 | 33 | ▲23 | ▲26 |
| 減価償却 | 14 | 28 | 37 | 28 |
| 決算上自己資本 | 19 | 52 | 28 | 2 |
| 修正 | | | ▲16 | ▲16 |
| 実質自己資本 | | | 12 | ▲14 |
| 中小企業特性 | | | 5 | 5 |
| 特性反映後実質自己資本 | | | 17 | ▲9 |
| 金融機関からの借入金 | 240 | 238 | 361 | 340 |

【分析結果】
平成24年3月の尖閣諸島問題に端を発する中国での日本車不買運動による受注減で赤字傾向となり、平成25年9月期には実質債務超過となる見込。

| | | |
|---|---|---|
| 収益弁済原資 | 14 百万円 | |
| 債務超過解消年数 | 5 年 | (中小企業特性反映後ベース) |
| 債務償還年数 | 26 年 | (借入金361÷収益弁済原資14＝26年) |

④ 銀行取引状況

| 金融機関名 | 22年9月期(実績) | シェア | 23年9月期(実績) | シェア | 24年9月期(実績) | シェア |
|---|---|---|---|---|---|---|
| A銀行 | 195 | 81.1% | 192 | 80.9% | 274 | 76.0% |
| B銀行 | 45 | 18.9% | 45 | 19.1% | 39 | 10.8% |
| C信金 | 0 | 0.0% | 0 | 0.0% | 48 | 13.2% |
| 合計 | 240 | 100.0% | 238 | 100.0% | 361 | 100.0% |

⑤ 現状と認識課題
・平成24年3月の尖閣諸島問題に端を発する中国での日本車不買運動により、受注が大幅に減少。
・営業体制強化による売上拡大が課題。
・平成24年9月期に17名の人員削減を実施済みであるが、更なる経費削減が課題。
・旧工場について可能な限り早期に処分し担保権者に弁済することが課題。

⑥ 経営改善計画策定方針
・営業体制強化による売上高の拡大
・経費削減(役員報酬、人件費、消耗品費等)
・旧工場の処分

## 認定支援機関作成支援⇒社長検証

### ≪ 概　要 ≫

| | |
|---|---|
| ①課題・問題点 | (財務状況(資産実態・損益動向)、窮境要因等)<br>Ⅰ　中国での自動車不買運動<br>平成20年9月のリーマンショックを契機とする世界経済減退に伴い、当社は大幅な受注減に見舞われましたが、自動車の国内生産台数の継続的増加も背景とし、その後約3年間で売上水準が元通りに回復するとともに、更なる売上増加が見込まれていました。ところが、平成24年3月の尖閣諸島問題に端を発する中国での日本車不買運動により得意先からの受注が大幅に減少し、平成24年5月度には営業赤字に陥り、平成24年9月期は当期純損失▲23百万円を計上しました。<br><br>Ⅱ　新工場の過剰投資<br>自動車の国内生産台数の継続的増加により今後の売上増加が見込まれていたことから、平成23年12月には新工場を取得しました。投資額は1億7千万円で、新規融資と自己資金により賄いました。旧工場は増改築の繰り返しだったため生産効率が悪かったこともあり、新工場は旧工場の倍以上の生産を可能とするものでしたが、上述のとおり、中国での日本車不買運動によって受注が大幅に減少してしまい、従来90%以上であった機械稼働率も40%以下に低下してしまい、新工場は結果として過剰投資となってしまいました。<br><br>Ⅲ　脆弱な営業体制<br>当社の営業は、これまで社長の信用力に依存しながら、基本的に得意先(自動車部品2次メーカー)の応援外注先として得意先の生産能力を超過した部分を受注しておりました。近年は業界全体が右肩上がりの中、営業活動に注力せずとも受注が増加していたことから、新規顧客の開拓や既存顧客に対するフォローアップというものについてはまったくと言っていいほど実施してきませんでした。<br><br>Ⅳ　経費予算管理未実施<br>当社は経費予算を設定しておらず、売上増加傾向の中、漫然と経費を支出してきた経緯があり、経費支出を必要最低限に抑制する仕組みがありません。また、上述のとおり、当社は大幅な受注減に直面しており、損益構造の転換を余儀なくされていますが、経費削減について、どのような項目でどれだけ削減余地があるかといった定量的な情報を直ちに把握することができません。 |
| ②計画の基本方針 | 営業体制を強化して、新規顧客の獲得及び既存顧客からの受注増加を目指し、売上高の維持・拡大を図ります。<br><br>役員報酬及び工場人員の削減は平成24年9月に実施済みですが、その他の諸経費についても削減余地を洗い出し、さらなるコスト削減を図ります。<br><br>取引金融機関様に対する借入金の弁済については、以下のとおりお願いいたします。<br>・計画期間中に獲得したFCFの8割相当額を、取引金融機関様の平成25年3月末残高に応じて弁済します。<br>・旧工場の土地建物については、可能な限り早期に売却し、担保権者である取引金融機関様に弁済します。 |
| ③計画期間・改善目標等 | 計画期間は5年とします(平成26年9月期～平成30年9月期)。<br><br>平成28年9月期(計画3年目)に経常黒字化を果たします。<br><br>中小企業特性考慮後実質債務超過については、平成30年9月期(計画5年目)に解消します。<br><br>計画終了時(平成30年9月末)におけるキャッシュフロー比率を9.1倍とします。 |

認定支援機関と社長で作成

## ≪　企業集団の状況≫

・ 事業者の資本関係・取引関係説明資料（平成25年3月末現在）

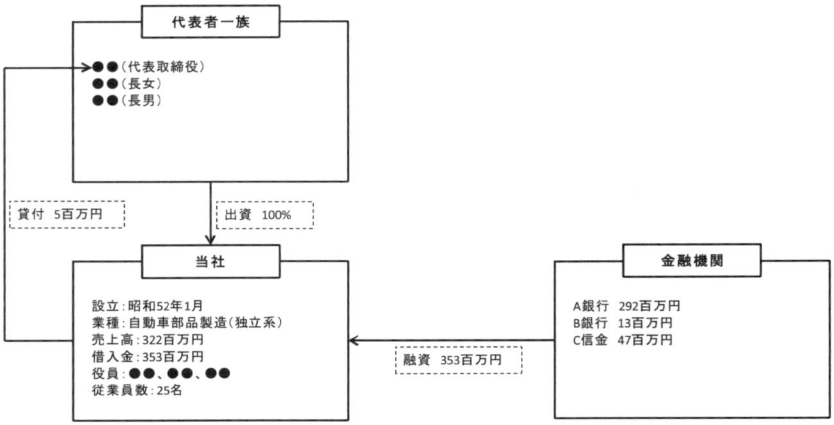

認定支援機関と社長で作成

## ≪ ビジネスモデル俯瞰図≫

・ 事業者のビジネスモデル説明資料

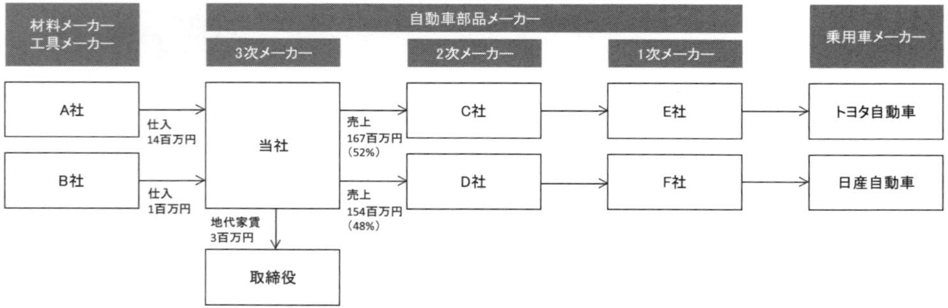


※切削用ホイール材料については、原則として、得意先からの無償支給とされている。

【仕入高推移】

| | H22/9 | H23/9 | H24/9 |
|---|---|---|---|
| A社 | 4 | 13 | 14 |
| B社 | 3 | 3 | 1 |
| 合計 | 7 | 16 | 15 |

【売上高推移】

| | H22/9 | H23/9 | H24/9 |
|---|---|---|---|
| C社 | 144 | 232 | 167 |
| D社 | 79 | 117 | 154 |
| 合計 | 222 | 350 | 322 |

## 認定支援機関作成支援⇒社長検証

### ≪　資金実績表≫

1．平成24年9月期　（前期実績）

（単位：千円）

| 平成24年9月期 | 前年繰越 | 10月 | 11月 | 12月 | 1月 | 2月 | 3月 | 4月 | 5月 | 6月 | 7月 | 8月 | 9月 | 計 |
|---|---|---|---|---|---|---|---|---|---|---|---|---|---|---|
| 売上高 | | 30,624 | 33,857 | 37,774 | 38,480 | 27,784 | 34,538 | 29,421 | 27,446 | 21,744 | 17,260 | 12,250 | 11,066 | 322,243 |
| 借入 | | − | − | − | 46,425 | 115,385 | − | − | − | 38,462 | − | − | 20,765 | 221,037 |
| 返済 | | 20,430 | 4,658 | 4,732 | 3,946 | 18,402 | 4,732 | 3,952 | 3,450 | 5,512 | 19,108 | 4,740 | 4,601 | 98,261 |
| 借入金残高 | 238,361 | 217,931 | 213,273 | 208,541 | 251,020 | 348,003 | 343,272 | 339,320 | 335,870 | 368,820 | 349,713 | 344,973 | 361,137 | 361,137 |
| 現預金残高 | 81,514 | 62,382 | 54,869 | 47,267 | 90,560 | 68,828 | 68,170 | 75,243 | 67,272 | 100,515 | 75,853 | 33,646 | 39,261 | 39,261 |

2．平成25年9月期　（今期実績・見通し）

| | | 実績 | 実績 | 実績 | 実績 | 見通し | 見通し | 見通し | 見通し | 見通し | 見通し | |
|---|---|---|---|---|---|---|---|---|---|---|---|---|
| 平成25年9月期 | 前年繰越 | 10月 | 11月 | 12月 | 1月 | 2月 | 3月 | 4月 | 5月 | 6月 | 7月 | 計 |
| 売上高 | | 8,147 | 8,888 | 11,613 | 13,746 | 10,449 | 8,996 | 11,679 | 12,263 | 12,876 | 13,520 | 112,178 |
| 借入 | | 38,295 | − | − | − | − | − | − | − | − | − | 38,295 |
| 返済 | | 38,781 | 7,528 | 597 | − | − | − | − | − | − | − | 46,905 |
| 借入金残高 | 361,137 | 360,651 | 353,124 | 352,527 | 352,527 | 352,527 | 352,527 | 352,527 | 352,527 | 352,527 | 352,527 | 352,527 |
| 現預金残高 | 39,261 | 23,129 | 21,834 | 23,770 | 16,399 | 21,493 | 26,920 | 31,675 | 32,241 | 33,699 | 35,462 | 35,462 |

（注）平成24年12月中に返済猶予の要請を行い、元金の支払いを停止している。

3．平成25年9月期　（仮に返済猶予が行われなかった場合）

| | | 実績 | 実績 | 仮 | 仮 | 仮 | 仮 | 仮 | 仮 | 仮 | 仮 | |
|---|---|---|---|---|---|---|---|---|---|---|---|---|
| 平成25年9月期 | 前年繰越 | 10月 | 11月 | 12月 | 1月 | 2月 | 3月 | 4月 | 5月 | 6月 | 7月 | 計 |
| 売上高 | | 8,147 | 8,888 | 11,613 | 13,746 | 10,449 | 8,996 | 11,679 | 12,263 | 12,876 | 13,520 | 112,178 |
| 借入 | | 38,295 | − | − | − | − | − | − | − | − | − | 38,295 |
| 返済 | | 38,781 | 7,528 | 7,520 | 6,154 | 6,538 | 7,692 | 5,385 | 6,308 | 6,538 | 6,077 | 98,521 |
| 借入金残高 | 361,137 | 360,651 | 353,124 | 345,604 | 339,450 | 332,911 | 325,219 | 319,834 | 313,527 | 306,988 | 300,911 | 300,911 |
| 現預金残高 | 39,261 | 23,129 | 21,834 | 16,847 | 3,322 | 1,877 | ▲ 387 | ▲ 1,017 | ▲ 6,759 | ▲ 11,840 | ▲ 16,154 | ▲ 16,154 |

## 認定支援機関作成支援⇒社長検証

# ≪ 計数計画・具体的な施策≫

### 数値計画の概要

| （単位：千円） | 実績-2<br>平成23年9月期 | 実績-1<br>平成24年9月期 | 計画0年目<br>平成25年9月期 | 計画1年目<br>平成26年9月期 | 計画2年目<br>平成27年9月期 | 計画3年目<br>平成28年9月期 | 計画4年目<br>平成29年9月期 | 計画5年目<br>平成30年9月期 |
|---|---|---|---|---|---|---|---|---|
| 売上高 | 350,300 | 322,243 | 138,077 | 144,981 | 152,230 | 159,841 | 159,841 | 159,841 |
| 営業利益 | 38,562 | ▲ 27,165 | ▲ 34,526 | ▲ 7,901 | 1,621 | 6,173 | 11,532 | 12,499 |
| 経常利益 | 44,966 | ▲ 23,032 | ▲ 25,761 | ▲ 10,980 | ▲ 1,243 | 4,462 | 9,171 | 10,428 |
| 当期利益 | 32,762 | ▲ 23,251 | ▲ 25,815 | ▲ 24,880 | ▲ 1,297 | 4,408 | 9,117 | 10,374 |
| 減価償却費 | 27,832 | 36,525 | 28,434 | 18,454 | 15,950 | 13,609 | 12,320 | 11,002 |
| 簡易CF（経常利益+減価償却費-法人税等） A | 61,304 | 13,374 | 2,619 | 7,420 | 14,653 | 18,017 | 21,437 | 21,375 |
| 現預金残高 | 81,514 | 39,261 | 53,986 | 46,197 | 51,170 | 57,358 | 64,969 | 69,201 |
| 金融機関債務残高 | 238,361 | 361,137 | 352,527 | 333,858 | 323,309 | 310,891 | 296,006 | 278,010 |
| 資本性借入金 | – | – | – | – | – | – | – | – |
| 運転資金相当額 | 48,329 | 13,911 | 5,533 | 6,096 | 6,439 | 6,800 | 6,803 | 6,803 |
| 差引要償還債務残高 B | 108,518 | 307,965 | 293,008 | 281,566 | 265,700 | 246,734 | 224,235 | 202,006 |
| CF倍率 A÷B | 1.8 | 23.0 | 111.9 | 37.9 | 18.1 | 13.7 | 10.5 | 9.5 |
| 簿価純資産額 | 51,563 | 28,312 | 2,497 | ▲ 22,383 | ▲ 23,680 | ▲ 19,272 | ▲ 10,154 | 219 |
| 実質純資産額 | | 12,158 | ▲ 13,657 | ▲ 24,691 | ▲ 25,987 | ▲ 21,579 | ▲ 12,462 | ▲ 2,088 |
| 中小企業特性反映後実質純資産額 | | 17,158 | ▲ 8,657 | ▲ 19,691 | ▲ 20,987 | ▲ 16,579 | ▲ 7,462 | 2,912 |

（注）計画3年目に経常黒字化している。計画5年目に中小企業特性反映後実質債務超過を解消し、その時点のCF倍率は9.5倍と10倍以下となっている。

## 社長作成

| 項目 | | 課題 | 実施時期 | 具体的な内容 |
|---|---|---|---|---|
| 1 | 営業体制の強化 | 顧客別予実管理 | 平成25年4月～ | 既存顧客へのフォローアップ回数増による追加受注や、自動車以外の工作機械メーカー等への新規営業による切削業務の受注獲得を目指します。「営業行動管理シート」を作成し、営業担当者毎・顧客毎に、顧客情報、営業方針・営業戦略、月次売上目標を記載してもらい、顧客別の予実管理を行うとともに、フィードバックできる体制を構築します。 |
| | | 営業会議の開催 | 平成25年4月～ | これまでは営業担当者間の情報共有があまり行われていなかったため、毎週水曜日の午前中に営業会議を開催します。各営業担当者から「営業行動管理シート」に記載した営業戦略や売上目標、達成度合や改善施策等について発表してもらいます。参加者全員でその内容について協議するとともに、成功例や失敗例を共有して営業力の向上を図ります。 |
| 省略する | | | | |
| 2 | 経費削減 | 役員報酬の削減（実施済み） | 平成24年9月 | この度の業績悪化に関する経営責任として、取締役3名の役員報酬を各人の生活に必要最低限の金額まで削減します（平成24年9月に実施済み） |
| 省略する | | | | |
| 2 | 旧工場の処分 | 売却代金の弁済 | 平成26年9月期中 | 売却代金については担保権者であるA銀行に対して返済を行い、支払利息の圧縮を図ります。 |

### 経営改善計画に関する表明事項

| | |
|---|---|
| 対象会社 | 弊社はこのたび、財務体質の抜本的な改善と事業面の立て直しを図るべく事業計画を策定いたしました。弊社では、本計画に基づき、金融機関様のご支援のもと、社長・従業員が一丸となって事業再生を進める所存でございます。このような事態を招き、金融機関様には多大なご迷惑をおかけしますが、本計画について御理解を賜りたくお願い申し上げます。 |
| 主要債権者 | 甲株式会社より事業計画への取り組み表明を受けたため、経営改善施策への誠意ある取り組みを前提条件として、本計画書に記載された金融支援を行います。 |

社長作成

## ≪ 実施計画≫

**経営改善計画に関する具体的施策の効果**

（単位：千円）

| | 経営改善計画の具体的な内容 | 実施時期 | 実施責任者 | 科目 | 直近期 平成24年9月期 | 計画0年目 平成25年9月期 | 計画1年目 平成26年9月期 | 計画2年目 平成27年9月期 | 計画3年目 平成28年9月期 | 計画4年目 平成29年9月期 | 計画5年目 平成30年9月期 |
|---|---|---|---|---|---|---|---|---|---|---|---|
| 1 | 営業体制強化 | 平成25年4月～ | 社長、営業部長 | 売上高 | 322,243 | 138,077 | 144,981 | 152,230 | 159,841 | 159,841 | 159,841 |
| 2 | 経費削減 | | | | | | | | | | |
| | 役員報酬削減（実施済み） | 平成24年9月 | 社長 | 役員報酬 | 29,615 | 9,338 | 10,062 | 10,062 | 10,062 | 10,062 | 10,062 |
| | 人員削減（実施済み） | 平成24年9月 | 社長 | 賃金給与 | 116,283 | 55,633 | 56,144 | 56,694 | 57,250 | 57,809 | 58,375 |
| | 福利厚生費削減 | 平成25年4月～ | 管理部長 | 福利厚生費 | 3,166 | 109 | 109 | 68 | 68 | 68 | 68 |
| | 工場消耗品費削減 | 平成25年4月～ | 工場長 | 工場消耗品費 | 21,181 | 5,718 | 5,385 | 5,385 | 5,385 | 5,385 | 5,385 |
| | 接待交際費削減 | 平成25年4月～ | 社長 | 接待交際費 | 617 | 865 | 462 | 462 | 462 | 462 | 462 |
| | 地代家賃削減 | 平成25年10月～ | 社長 | 地代家賃 | 3,462 | 3,462 | 1,731 | 1,731 | 1,731 | 1,731 | 1,731 |
| | 保険料削減 | 平成25年4月～ | 管理部長 | 保険料 | 20,281 | 3,431 | 615 | 615 | 615 | 615 | 615 |
| | | | | 計 | 194,605 | 78,555 | 74,507 | 75,016 | 75,572 | 76,132 | 76,698 |
| 3 | 旧工場の処分 | 平成24年4月～ | 管理部長 | 支払利息 | 7,255 | 7,178 | 6,864 | 6,572 | 6,342 | 6,069 | 5,740 |

**モニタリング計画**

| | 頻度 | 内容 |
|---|---|---|
| 1 | 月次 | ・取引金融機関様に残高試算表を送付します（当月分を翌々月初に送付します）。 |
| 2 | 3ヶ月に1度 | ・メイン行様に計画と実績の比較分析、アクションプランの進捗状況を報告します。 |
| 3 | 決算期 | ・取引金融機関様に計画と実績の比較分析、アクションプランの進捗状況を報告します。<br>・取引金融機関様に決算書を送付します。 |

## 認定支援機関作成支援

### ≪ 計数計画≫

**損益計算書と課税所得**

| （単位：千円） | 実績-2<br>平成23年9月期 | 実績-1<br>平成24年9月期 | 計画0年目<br>平成25年9月期 | 計画1年目<br>平成26年9月期 | 計画2年目<br>平成27年9月期 | 計画3年目<br>平成28年9月期 | 計画4年目<br>平成29年9月期 | 計画5年目<br>平成30年9月期 |
|---|---|---|---|---|---|---|---|---|
| 売上高 | 350,300 | 322,243 | 138,077 | 144,981 | 152,230 | 159,841 | 159,841 | 159,841 |
| 省略する | | | | | | | | |
| 特別損失 | 3,517 | 100 | - | 13,846 | - | - | - | - |
| 税引前当期純利益 | 44,257 | ▲ 23,132 | ▲ 25,761 | ▲ 24,826 | ▲ 1,243 | 4,462 | 9,171 | 10,428 |
| 法人税等 | 11,494 | 119 | 54 | 54 | 54 | 54 | 54 | 54 |
| 当期純利益 | 32,762 | ▲ 23,251 | ▲ 25,815 | ▲ 24,880 | ▲ 1,297 | 4,408 | 9,117 | 10,374 |
| H24/9発生 | | ▲ 23,132 | - | - | - | 4,462 | 9,171 | 9,499 |
| 省略する | | | | | | | | |
| H30/9発生 | | | | | | | | - |
| 欠損金の発生（▲）または使用 | | ▲ 23,132 | ▲ 25,761 | ▲ 24,826 | ▲ 1,243 | 4,462 | 9,171 | 10,428 |
| 繰越欠損金残高 | | ▲ 23,132 | ▲ 48,893 | ▲ 73,719 | ▲ 74,961 | ▲ 70,499 | ▲ 61,328 | ▲ 50,900 |
| 課税所得 | | - | - | - | - | - | - | - |

（注）計画3年目に経常黒字化している。

**製造原価報告書**

| （単位：千円） | 実績-2<br>平成23年9月期 | 実績-1<br>平成24年9月期 | 計画0年目<br>平成25年9月期 | 計画1年目<br>平成26年9月期 | 計画2年目<br>平成27年9月期 | 計画3年目<br>平成28年9月期 | 計画4年目<br>平成29年9月期 | 計画5年目<br>平成30年9月期 |
|---|---|---|---|---|---|---|---|---|
| 期首材料棚卸高 | 207 | 847 | 214 | 92 | 96 | 101 | 106 | 106 |
| 省略する | | | | | | | | |
| 経費 | 101,566 | 119,794 | 67,412 | 50,808 | 47,842 | 50,156 | 44,174 | 42,843 |
| 当期総製造費用 | 245,394 | 275,342 | 139,532 | 121,970 | 119,697 | 122,757 | 117,390 | 116,681 |
| 期首仕掛品棚卸高 | 1,064 | 423 | 13 | 6 | 6 | 6 | 6 | 6 |
| 期末仕掛品棚卸高 | 423 | 13 | 6 | 6 | 6 | 6 | 6 | 6 |
| 当期製品製造原価 | 246,035 | 275,751 | 139,539 | 121,970 | 119,697 | 122,757 | 117,390 | 116,681 |

**販管費の内訳**

| （単位：千円） | 実績-2<br>平成23年9月期 | 実績-1<br>平成24年9月期 | 計画0年目<br>平成25年9月期 | 計画1年目<br>平成26年9月期 | 計画2年目<br>平成27年9月期 | 計画3年目<br>平成28年9月期 | 計画4年目<br>平成29年9月期 | 計画5年目<br>平成30年9月期 |
|---|---|---|---|---|---|---|---|---|
| 役員報酬 | 26,851 | 29,615 | 9,338 | 10,062 | 10,062 | 10,062 | 10,062 | 10,062 |
| 省略する | | | | | | | | |
| 販管費 | 64,942 | 73,110 | 32,883 | 30,919 | 30,919 | 30,919 | 30,919 | 30,662 |

認定支援機関作成支援

## ≪　計数計画≫

貸借対照表（資産の部）

| （単位：千円） | 実績-2 平成23年9月期 | 実績-1 平成24年9月期 | 計画0年目 平成25年9月期 | 計画1年目 平成26年9月期 | 計画2年目 平成27年9月期 | 計画3年目 平成28年9月期 | 計画4年目 平成29年9月期 | 計画5年目 平成30年9月期 |
|---|---|---|---|---|---|---|---|---|
| 現金預金 | 81,514 | 39,261 | 53,986 | 46,197 | 51,170 | 57,358 | 64,969 | 69,201 |
| 受取手形 | 30,427 | 6,833 | 2,928 | 3,074 | 3,228 | 3,389 | 3,389 | 3,389 |
| 省略する | | | | | | | | |
| 長期前払費用 | 8,169 | 4,312 | 3,551 | 2,789 | 2,028 | 1,266 | 505 | – |
| 投資その他の資産 | 59,188 | 71,932 | 53,909 | 53,148 | 52,386 | 51,625 | 50,863 | 50,359 |
| 固定資産 | 205,401 | 355,973 | 310,279 | 268,523 | 252,572 | 238,963 | 226,643 | 215,641 |
| 資産合計 | 352,950 | 424,948 | 373,863 | 323,942 | 313,380 | 306,393 | 301,684 | 294,914 |

貸借対照表（負債・純資産の部）

| （単位：千円） | 実績-2 平成23年9月期 | 実績-1 平成24年9月期 | 計画0年目 平成25年9月期 | 計画1年目 平成26年9月期 | 計画2年目 平成27年9月期 | 計画3年目 平成28年9月期 | 計画4年目 平成29年9月期 | 計画5年目 平成30年9月期 |
|---|---|---|---|---|---|---|---|---|
| 支払手形 | 12,149 | 4,460 | 2,317 | 1,431 | 1,502 | 1,577 | 1,574 | 1,574 |
| 買掛金 | 2,841 | 239 | 124 | 77 | 80 | 84 | 84 | 84 |
| 省略する | | | | | | | | |
| 繰越利益剰余金 | 26,063 | 2,811 | ▲ 23,003 | ▲ 47,883 | ▲ 49,180 | ▲ 44,772 | ▲ 35,654 | ▲ 25,281 |
| 純資産合計 | 51,563 | 28,312 | 2,497 | ▲ 22,383 | ▲ 23,680 | ▲ 19,272 | ▲ 10,154 | 219 |
| 負債・純資産合計 | 352,950 | 424,948 | 373,863 | 323,942 | 313,380 | 306,393 | 301,684 | 294,914 |
| 【実質純資産の推移】 | | | | | | | | |
| 帳簿上の純資産 | | 28,312 | 2,497 | ▲ 22,383 | ▲ 23,680 | ▲ 19,272 | ▲ 10,154 | 219 |
| ① 滞留売掛金 | | ▲ 769 | ▲ 769 | ▲ 769 | ▲ 769 | ▲ 769 | ▲ 769 | ▲ 769 |
| ② 不動産の含み損 | | ▲ 13,846 | ▲ 13,846 | – | – | – | – | – |
| 省略する | | | | | | | | |
| 実質純資産 | | 12,158 | ▲ 13,657 | ▲ 24,691 | ▲ 25,987 | ▲ 21,579 | ▲ 12,462 | ▲ 2,088 |
| ④ 社長所有不動産 | | 5,000 | 5,000 | 5,000 | 5,000 | 5,000 | 5,000 | 5,000 |
| 中小企業特性反映後実質純資産 | | 17,158 | ▲ 8,657 | ▲ 19,691 | ▲ 20,987 | ▲ 16,579 | ▲ 7,462 | 2,912 |

（注）中小企業特性反映後の実質純資産額は、計画0年目にマイナスに陥るが、計画5年目にプラスに転じている。

認定支援機関作成支援

## ≪　計数計画≫

キャッシュフロー計算書

| （単位：千円） | 実績-2<br>平成23年9月期 | 実績-1<br>平成24年9月期 | 計画0年目<br>平成25年9月期 | 計画1年目<br>平成26年9月期 | 計画2年目<br>平成27年9月期 | 計画3年目<br>平成28年9月期 | 計画4年目<br>平成29年9月期 | 計画5年目<br>平成30年9月期 |
|---|---|---|---|---|---|---|---|---|
| 税引前当期純利益 | 44,257 | ▲ 23,132 | ▲ 25,761 | ▲ 24,826 | ▲ 1,243 | 4,462 | 9,171 | 10,428 |
| 減価償却費 | 24,472 | 32,668 | 27,672 | 17,692 | 15,188 | 12,848 | 11,558 | 10,497 |
| 省略する | | | | | | | | |
| 法人税等支払 | ▲ 76 | ▲ 11,511 | ▲ 81 | ▲ 54 | ▲ 54 | ▲ 54 | ▲ 54 | ▲ 54 |
| 営業活動によるCF ① | 97,462 | 22,169 | 6,074 | 1,423 | 15,522 | 18,606 | 22,496 | 22,229 |
| 有形固定資産増減 | ▲ 51,042 | ▲ 170,496 | ▲ 0 | 225 | 0 | 0 | 0 | 0 |
| 省略する | | | | | | | | |
| 長期貸付金増減 | – | – | 5,941 | – | – | – | – | – |
| 投資活動によるCF ② | ▲ 61,011 | ▲ 187,197 | 17,261 | 9,456 | 0 | 0 | 0 | 0 |
| 短期借入金増減 | ▲ 33,306 | 450 | ▲ 20,765 | – | – | – | – | – |
| 長期借入金増減 | 25,942 | 122,326 | 12,155 | ▲ 18,668 | ▲ 10,549 | ▲ 12,418 | ▲ 14,885 | ▲ 17,997 |
| 財務活動によるCF | ▲ 7,364 | 122,776 | ▲ 8,611 | ▲ 18,668 | ▲ 10,549 | ▲ 12,418 | ▲ 14,885 | ▲ 17,997 |
| 現金預金増減 | 29,088 | ▲ 42,253 | 14,725 | ▲ 7,789 | 4,973 | 6,188 | 7,611 | 4,232 |
| 現金預金期首残高 | 52,426 | 81,514 | 39,261 | 53,986 | 46,197 | 51,170 | 57,358 | 64,969 |
| 現金預金期末残高 | 81,514 | 39,261 | 53,986 | 46,197 | 51,170 | 57,358 | 64,969 | 69,201 |
| FCF ①＋②（注3） | | | 23,335 | 10,879 | 15,523 | 18,606 | 22,496 | 22,229 |
| FCF×80% | | | 18,668 | 8,703 | 12,418 | 14,885 | 17,997 | 17,783 |
| 【キャッシュフロー比率の推移】 | | | | | | | | |
| 有利子負債 | | | 352,527 | 333,858 | 323,309 | 310,891 | 296,006 | 278,010 |
| ▲現預金 | | | ▲ 53,986 | ▲ 46,197 | ▲ 51,170 | ▲ 57,358 | ▲ 64,969 | ▲ 69,201 |
| ▲運転資金 | | | ▲ 5,533 | ▲ 6,096 | ▲ 6,439 | ▲ 6,800 | ▲ 6,803 | ▲ 6,803 |
| 要償還債務① | | | 293,008 | 281,566 | 265,700 | 246,734 | 224,235 | 202,006 |
| 留保利益（当期純利益） | | | ▲ 25,815 | ▲ 24,880 | ▲ 1,297 | 4,408 | 9,117 | 10,374 |
| 減価償却費 | | | 28,434 | 18,454 | 15,950 | 13,609 | 12,320 | 11,002 |
| 引当金増減（注1） | | | ▲ 420 | 835 | 835 | 835 | 831 | 831 |
| キャッシュフロー② | | | 2,199 | ▲ 5,591 | 15,489 | 18,853 | 22,268 | 22,206 |
| キャッシュフロー比率①÷②（注1）（注2） | | | 133.2 | ▲ 50.4 | 17.2 | 13.1 | 10.1 | 9.1 |

（注1）《計数計画概要・具体的施策》「数値計画の概要」では、キャッシュフローの算定に引当金増減を含めていないため、キャッシュフロー比率の計算結果が異なっている。

（注2）中小企業特性反映後の実質債務超過時（計画5年目）のキャッシュフロー比率は9.1倍と10倍以下となっている。

（注3）平成26年9月期（計画1年目）のFCF10,879千円には、旧工場の処分収入9,231千円が含まれており、これを除くと1,648千円となる。

## 認定支援機関作成支援

### ≪　計数計画≫

**金融機関別返済計画**

| （単位：千円） | 実績-2 平成23年9月期 | 実績-1 平成24年9月期 | 計画0年目 平成25年9月期 | 計画1年目 平成26年9月期 | 計画2年目 平成27年9月期 | 計画3年目 平成28年9月期 | 計画4年目 平成29年9月期 | 計画5年目 平成30年9月期 |
|---|---|---|---|---|---|---|---|---|
| A銀行（短期） | | | | | | | | |
| 期首残高 | | | 20,765 | - | - | - | - | - |
| 新規借入 | | | - | - | - | - | - | - |
| 返済 | | | 20,765 | - | - | - | - | - |
| 期末残高 | | | - | - | - | - | - | - |
| A銀行（長期） | | | | | | | | |
| 期首残高 | | | [illegible] | [illegible] | [illegible] | [illegible] | [illegible] | [illegible] |
| 省略する | | | | | | | | |
| 期末残高 | | | 291,866 | 276,410 | 266,088 | 255,807 | 243,483 | 228,583 |
| A銀行（合計） | | | | | | | | |
| 期首残高 | | | 274,337 | 291,866 | 276,410 | 266,088 | 255,807 | 243,483 |
| 新規借入 | | | 38,295 | - | - | - | - | - |
| 返済 | | | 20,765 | 15,456 | 10,322 | 10,281 | 12,323 | 14,900 |
| 期末残高 | | | 291,866 | 276,410 | 266,088 | 255,807 | 243,483 | 228,583 |
| B銀行（長期） | | | | | | | | |
| 期首残高 | | | 39,229 | 13,172 | 12,475 | 12,426 | 11,962 | 11,406 |
| 省略する | | | | | | | | |
| 合計 | | | | | | | | |
| 期首残高 | | | 361,137 | 352,527 | 333,858 | 323,309 | 310,891 | 296,006 |
| 新規借入 | | | 38,295 | - | - | - | - | - |
| 返済 | | | 46,905 | 18,668 | 10,549 | 12,418 | 14,885 | 17,997 |
| 期末残高 | | | 352,527 | 333,858 | 323,309 | 310,891 | 296,006 | 278,010 |
| （支払利息） | | | | | | | | |
| 合計 | 金利 | | 7,178 | 6,864 | 6,572 | 6,342 | 6,069 | 5,740 |
| A銀行（短期） | 2.4% | | 249 | - | - | - | - | - |
| A銀行（長期） | 2.0% | | 5,454 | 5,683 | 5,425 | 5,219 | 4,993 | 4,721 |
| B銀行（長期） | 2.0% | | 524 | 256 | 249 | 244 | 234 | 221 |
| 省略する | | | | | | | | |

金融機関別借入金返済計画には以下のような内容を記載すること
1. 期中の返済額及び期末の残高を記載すること。
2. 信用保証協会の保証付債権については、それ以外の債権と区分して記載すること。
3. 金融機関が複数ある場合には、金融機関別返済額の算出方法(残高比率等)を記載すること。

≪ 計数計画≫

**認定支援機関作成支援**

**金融支援計画**

甲社は、経営改善の実施に必要なすべての金融機関から金融支援の同意を得る予定です。各金融機関ごとの金融支援の内容は以下のとおりです。
1. A銀行からの金融支援の内容
・返済額は各計画期間のフリーキャッシュフロー（FCF）の80%に金融機関借入金に占めるA銀行の融資残高の比率を乗じた額とし、従前の返済額●千円からの軽減が予定されています。なお、金利は2. 4%（短期）、2. 0%（長期）を予定しています。
2. B銀行からの金融支援の内容

省略する

います。

【記載上の留意事項】
金融支援計画には以下の内容を記載すること
1. 金融機関別に既存の借入条件（返済時期及び額、金利等）と支援後の借入条件を対比して、既存の借入金の返済負担が軽減・維持されていることが確認できるように記載すること（複数の契約がある場合には契約ごとに返済負担の軽減・維持がなされていることが確認できることが望ましい）
2. 事業収益以外の原資(資産売却等)による返済がある場合には、その内容がわかるように記載すること
3. 計画において金融支援として融資行為のみを予定する場合には、申請者が財務上の問題を抱えている旨と理由をわかるように記載すること。

**金融機関別保全状況**

平成25年3月末現在
（単位：千円）

| | 金融機関名 | 債権額(A) | 保全額(B) | 保全内容 | | | | | 非保全残高 | 担保設定状況 |
|---|---|---|---|---|---|---|---|---|---|---|
| | | | | 保全合計 | 不動産 | 動産 | 預金担保 | 協会保証 | (A)-(B) | |
| 1 | A銀行 | 291,866 | 259,346 | 259,346 | 150,000 | − | 11,179 | 98,167 | 32,520 | |
| | 省略する | | | | | | | | | |
| 3 | C信金 | 47,487 | 46,889 | 46,889 | − | 46,889 | − | − | 598 | |
| | 合計 | 352,527 | 319,409 | 319,409 | 150,000 | 46,889 | 15,751 | 106,769 | 33,118 | |

（注）C信金の動産46,889千円は保険積立金である。

債権者間調整のために必要な場合等には適宜作成する。

## Ⅰ　金融機関が問題とする点を押さえることが必要

事例サンプルAを見て複雑だと思われた方もいれば、こんな程度のものかと感じられた方もおられるのではないかと思われます。ここで言えることはあまりにも細かな資料を作る必要はなく、金融機関が問題とする点を押さえることが必要ということです。

例えば、当該金融機関の返済額が他の金融機関に対して格差がある場合など金融機関がここは容認しがたいと感じる点でも、参考資料7　計画策定に伴う金融機関との確認項目（78ページ）を1つずつ確認すれば､必ずクリアーできます。金融機関が納得する計画が必ずでき上がるはずですからご安心ください。

なお、本書に添付された資料の他に模範となるものとして推奨できるものは、日本政策金融公庫のホームページに添付されている経営改善計画が挙げられます。中小企業事業と国民生活事業、そして農林水産事業の各々に計画のひな型やモデルが載せられていますので、とても参考になります。特に中小企業事業が紹介する経営改善計画書記入例の詳細版はSWOT分析も付いており、非常に秀逸な計画だと思われますので手本としてお使いいただくことをお奨めします。

## Ⅱ　計画に関して解釈が難しいのが在庫の評価

業績が厳しい企業なら、金融機関から「不良在庫はありませんか」と質問を受けたことがあるはずです。在庫と売掛金を金融機関も最も気にしています。

何故でしょうか。面白いことに金融機関の職員も実は分からないのです。

売掛金はある種、単純です。社長に「この売掛金は回収できますか」と質問して、「う～ん」と腕組みされたら、「これは不味いな…」と認識されるはずです。後はそれを法的な対応も含め「如何に回収すべきか」、どうしても回収不能であるのなら「損金としていつ出すのか」等をアドバイスすれば良いのです。

但し、在庫はどうなのでしょうか。

会社の言い分は兎も角、士業専門家の立場で在庫の正当な評価を求められたら困るという方もいるのではないでしょうか。

まず重要なこととして、金融機関は在庫が毀損しており損出しするのか否かということより、「その在庫は本当にあるのか、そして在庫が陳腐化していたり破損してないのか､本当に売れるのか」ということを知りたいのです。そして更に重要なのは、在庫が異常に多い場合には「どういう商売をしているのだろう」ということを知りたいのです。その単純な疑問に答えられないのでは、リスケ計画に金融機関は納得しません。

### ①　金融機関は在庫をどうやって把握しているのか

「金融機関が工場を見に来る…」「物流センターを見に来る…」と慌てている経営者に出くわす時があると思いますが、実際に見に来たとしても、金融機関が在庫の実態を把握できる訳がありません。彼等は往々にして業界標準をメルクマールとし、それに一定の掛目を入れているのです。

でも、それが怖い時もあります。例えばマンションデベロッパーの場合、販売用マンションに関してある一定の期間までは商品在庫として簿価通りの評価をしてくれますが、それを過ぎると実勢相場で評価されます。コロナ禍でオリンピックが開催されないと地価が下がる、そして東京の不動産市況が下がるかもしれません。その様な地価が下がる局面では、債務者区分を見直す際に金融機関内部の在庫評価をドスンと落とします。

「あいつ等、手の平を返すように突然貸してくれなくなる」と社長たちが金融機関の悪口をいいますよね。赤字になったとか目に見える部分で金融機関が手の平を返す時には専門家の皆様もアドバイスし易いと思いますが、こういう金融機関内部のルールで突然に手の平を返されることがあると困ってしまうのです。

### ②　経営改善計画における在庫のチェック

在庫の難しいところとして、経営改善計画では前述のとおり「まず本当にモノがあるのか」をチェックしなければなりません。

これは、社長に聞いても仕方ありません。では、棚卸表と現物を士業の専門家が突き合せるのかというとそれはまず無理です。現実としては、倉庫の担当者等にヒアリングすることとサンプリング調査により行うしかありません。

次に難しいのは在庫の価値です。専門家が会社に訪問して在庫をマジマジと見つめ、「この商品売れるのかなぁ」と考えるのはナンセンスです。仕入れた時期を調べ、1年以上なら8掛けとか5掛けにするとか、履歴に基づき掛目を入れるのが妥当なところです。これなら、在庫の入出荷履歴があれば何とかなります。但し、それすら無いとお手上げです。

リスケ計画書を金融機関に説明する際、何も調べずに金融機関に「在庫は簿価通りあります」というだけでは、信じられないと思われるということに繋がりかねないのが実際です。そこを一捻りする必要があります。

# 5 資金繰り計画の重要性

コロナ禍により一躍注目されたのが資金繰り計画です。

## 1 資金繰り計画の重要性

2020年4月6日、中小企業庁は「新型コロナウイルス感染症特例リスケジュール実施要領」を発表し、各都道府県に設置された中小企業再生支援協議会による新たな支援制度を開始しました。

これは、コロナ禍の影響を受けた中小企業に対して、窓口相談や金融機関との調整を含めた特例リスケジュール計画策定支援を行うというものです。

この「特例リスケジュール計画」がまさに資金繰り計画なのです。

この計画により資金繰りが厳しくなった中小企業に対して、再生支援協議会がその中小企業に代わって金融機関への返済の猶予を依頼し、場合によっては再生支援協議会が政府系金融機関に対して資金繰りを埋めるための新たな資金調達を後押しします。

因みに資金繰りを、大きく分けると日々の資金繰りと月次の資金繰りの2つが存在します。

| | |
|---|---|
| 日々の資金繰り | 最も活用されるケースは、当月内の支払い予定を管理するためのもの |
| 月次の資金繰り | 今後の1年間程度の支払いと入金を予測するもので、再生支援協議会による「特例リスケジュール計画」がその典型的な例 |

なお、「特例リスケジュール計画」は今後の1年間程度の支払いと入金を計画するものなので、1年後にはしっかりとした計画を策定するというルールになっています。要は資金繰り計画を優先して作成し、目先の資金繰りが安定してから、その次のステップとしてしっかりとしたリスケ計画を策定するという段取りです。

なお、この資金繰り計画は当然のことながらリスケ計画の中にも組み込む必要があります。3～5年の中長期計画になると、CF計算書に包含される形態になります（詳細は 参考資料6 経営改善計画書（中企庁による事例サンプルA）を参照してください）。

**【資金繰り表とCF計算書の違い】**

| | |
|---|---|
| 資金繰り計画 | 月々の支払いと入金の見込みにより策定されるもの |
| CF計算書 | CFはPLとBSの動きにより算定される。<br>PLとBSを月次で完備する企業はほぼないので、決算に基づき年度ごとに示される。<br>もっとも試算表が正しい数値であれば、月次試算表から算定することが可能。 |

資金繰り表とCF計算書の違いは上記のように立て付けが異なるものですが、資金の動きから算定されるものですから、根底は同じです。

- 売上が減っても仕入れを更に減らす（在庫を減らす）。
- 仕入れに際して買掛金の支払サイトを伸ばせば、資金繰りは楽になる。

これ等の行為を資金繰りが厳しくなると通常の経済行為としてどこの会社も行います。

これを言葉で示すと「減少運転資金で資金繰りを改善する」ということになります。

事業の縮小に繋がることなのでいつまでも使える手法ではありませんが、金融機関から新たな資金を借り入れるということが無理な場合は、検討すべき手法です。

この資金繰りに関しては非常に重要なことなので、**第4章**の「経営改善計画における金融機関とのチェック事項」も、是非参考としてください。

# 6 計画のフォローと見直し

一度立てた計画に対して、それがどうなったのかを金融機関は気にします。

## Ⅰ モニタリングという言葉があることの認識が最重要

モニタリングとは融資やリスケを受けた金融機関に経営の実際の状況を報告することです。

通常は３か月に一度、試算表と資金繰り状況、そしてトピックスを報告するので良いと思います。トピックスに関する報告の書式は定まっていませんので、適宜の書式で結構です。

但し、口頭だけでの報告にならないようにしてください。必ず何らかのペーパーを作成することをお奨めします（詳細は**第８章**の「私的再生における金融機関との交渉術」を参照してください）。

## Ⅱ 悩ましいのは実績が大きく計画と乖離した場合

計画策定は中々骨の折れる作業なので、そう簡単に何度も計画を策定できるものではありません。

計画を再策定しなければならないという判断基準は、筆者はリスケで対応している返済金額のルールを大きく変えなければならないときだと考えています。

全国の企業再生を担う中小企業再生支援協議会の基本要領では、「企業の借入金の返済条件の緩和、関係金融機関等の損失負担の変更など企業による再生計画の重要な修正または追加が必要であると判断した場合」に計画変更を行うとしています。また、メインバンクがあるならばそことよく話し合うことが必要です。

## Ⅲ　SWOT 分析で状況分析することが第一歩

モニタリング中ではあるものの、業績が悪化しているならば手をこまねいている場合ではありません。まずは計画に対して悪化している要因を分析します。これに関してはSWOT 分析を回して状況分析することが第一歩です(SWOT 分析のやり方は**第 5 章**を参照してください)。

計画策定時と計画対比業績が悪化した際の窮境要因が変わってないということがよくあります。人間でも「なくて 7 癖有って 48 癖」ということわざがあるように、複数の人間が運営する企業という組織が、そう簡単に変わるはずはなく、残念ながら経営者や幹部社員の意識が変わっていないだけというケースが多いのも事実です。

## Ⅳ　制度をフルに活用し、経営者が頭の整理を行う

そのようなときには、第三者の意見を取り入れましょう。ストレートに取り入れる必要はありませんが、経営者が第三者に悩みを話すことにより問題の整理が可能となるからです。

全国各地の商工会議所に設置されている窓口専門相談の制度を利用する、または、中小企業基盤整備機構によるよろず支援拠点等を利用することができます。例えば東京商工会議所の場合、「エキスパートバンク」という専門家派遣制度、東京都が定めた「中小企業活力向上プロジェクトネクスト」、そして都内 4 か所にビジネスサポートデスクを開設し、小規模事業者の事業承継や持続的な成長・発展への支援、そして創業予定者へのキメ細かい相談を行っています（2020 年 12 月現在)。それと同様に各地の商工会議所・商工会や行政による各地の様々な制度を活用すべきです。

このような制度をフルに活用し､経営者が頭の整理を行うことが肝要です。

しかし、過度な期待を抱くことは禁物です。経営とは自らが行うべきものであり、自らの責任なのです。そこを経営者はしっかりと認識しておく必要があります。

# 第4章 経営改善計画における金融機関とのチェック事項

リスケ計画を認めるのか否かは金融機関次第です。

この章では金融機関がチェックする主な事項の留意点を纏めています。

ここを、丁寧に対応すれば金融機関からの理解も得られやすくなります。金融機関との交渉が頓挫している際にも、有効です。

content

## 参考資料7　計画策定に伴う金融機関等との確認項目

**【チェック時点：計画策定前にメイン金融機関と詰めるべきポイント】**

| 項　　目 | 内　　　容 | |
|---|---|---|
| 窮境要因 | 当該企業の社長からヒアリングした窮境要因と金融機関が認識する要因が違うケースがあるので一致させ、同じ目線で計画を語る。 | □ |
| 資金繰り状況 | 私的再生は資金繰りが安定していることが前提となる。資金繰りが厳しい場合、メインバンクのDIP的支援可否をヒアリングしておく。 | □ |
| 一時停止 | 資金繰りが厳しい場合、一時停止が必要（認定支援機関にとっては有利）。 | □ |
| 現預金残高 | 現預金残高を粉飾に利用する（残高水増し）ケースが多いため、残高証明書原本とチェックする。 | □ |
| 定期預金 | 預金担保の有無を確認する。原則は相殺させる。但し、預金担保にはなっていないが、実質両建てとして金融機関から見做されていることがあるので、それをチェックする。 | □ |
| 借入内容・金利 | 返済明細書にてチェックする。開示していない借入の有無（粉飾）に留意する。また担保も詳細にチェックする。動産担保等にも留意すること。 | □ |
| 返済状況 | 条件変更を行っているとすれば月々幾らの返済なのか、いつからそのような状態になっているのかを確認する。特に偏頗弁済の有無は必ずチェックする。 | □ |
| 条件変更手続き | 次回期日と手続きの期間が重要。次回条件変更期日までに計画策定を終えることが望ましい。 | □ |
| 資金使途 | 設備投資なのか運転資金なのか等を確認する。なお、短期繋ぎ資金がある場合、それを支援した当該金融機関は計画合意への抵抗感が大きい。 | □ |
| 手証貸以外の与信項目 | 手形割引と外為与信には特に留意する。債務者区分がダウングレードすると、一般的にはこれらの支援はできなくなる。 | □ |

| 項　　目 | 内　　容 | |
|---|---|---|
| 関連会社 | 関連会社との取引内容や不明朗な取引の有無をチェックする。貸借関係あれば当該企業本体と取引のある金融機関のみならず、関連企業に融資している金融機関もバンクミーティングに招聘すべき。 | □ |
| 社長個人ローン | 住宅ローン以外の金融機関借入に留意する。社長から当該企業宛個人貸出があれば、社長が借り入れているローンは事業性借入である。また、それを優先して返済していれば偏頗弁済になる。 | □ |
| 期流れ借入 | 期流れ発生（債務に関する期限の利益喪失）は不安定な状況であり、私的再生には馴染まない。条件変更の手続きが期日を過ぎている場合も同様である。また延滞利息にも留意する。 | □ |
| 不動産評価 | GC（簿価）か時価か清算評価か、それを擦り合せる。なお、場合によってはDCF評価が必要。因みにメイン金融機関の不動産評価を利用することが、無用なコスト発生の抑制に繋がる。 | □ |
| 金融機関内部決定権限者 | 支店決裁か本部決裁か。これによって金融機関の意思を確認するための時間の掛かり方が違ってくる。 | □ |
| 税金・社保延滞 | 当該企業から実態を十二分にヒアリングし、延滞がある場合はメイン金融機関と必ず事前相談しておく。因みに金融機関は延滞のリスクを知らない場合もある。 | □ |
| CF影響項目 | 一括支払システム等の有無を確認する。中堅以上の企業では斯様な特殊なケースが散見される。またデリバティブの有無や、その清算融資の有無も必ず確認する。 | □ |
| 過去再生計画 | 過去よりリスケ対応してきた企業は、紙ペラ１枚という粗いものも含め計画らしきものが存在するケースが多い。 | □ |
| TAXプラン | 繰越欠損金残高と期限を必ず確認の上、計画（CF上の留意点）に反映させることが必要。 | □ |
| 経営者保証ガイドライン | この制度を活用する場合も、金融機関と綿密に打ち合わせする必要がある。場合によっては弁護士を入れるべきである。 | □ |

【チェック時点：計画策定中にメイン金融機関と詰めるべきポイント】

| 項　　目 | 内　　　　容 | |
|---|---|---|
| 不動産評価 | 事前ヒアリングで確認した後、その影響（実態 BS への影響等を確認の上）や対応策を最終評価の前に必ず擦り合わせする。 | ☐ |
| 粉飾 | 神経質になる金融機関は多い。会計処理上異例なものを含め若干でも疑義ある場合は（異例な会計処理も含め）、その判断（責任や対応策）を擦り合わせておく。 | ☐ |
| 社長個人宛資金流出 | この項目も神経質になる金融機関が多い。企業経営のガバナンスという観点からは不味い。事実を徹底的に解明し、その影響等を明確にした上で、今後の対応を決めておく。 | ☐ |
| 短期繋ぎ資金 | 金融調整案対象借入として良いものなのか。また貿易金融等の扱いも同様のチェックが必要。 | ☐ |
| FCF 対返済比率 | 最も重要な事項。因みに FCF に対して 70% を返済に回す等の比率方式と、返済額を一定にする方法の 2 つがある。当然のことながら、企業と金融機関の間で十二分に話し合うべき。 | ☐ |
| 偏頗弁済 | 存在する場合は、対象金融機関に事前の是正申入れが必要。 | ☐ |
| 経営者資産内容 | 資産内容を開示すべきか否かを擦り合せる。因みにそもそものところで、経営者の資産内容や金額に関して金融機関の認識を確認しておく。 | ☐ |
| 中小企業特性 | 金融庁の指導により経営者の資産を当該企業の資産と同様の取扱いとしてもよいことになっているが、そのルールの使用有無を確認する。 | ☐ |
| 保証協会関連 | 求償権が存在する場合は厄介（CLO を利用していた企業に多い）。延滞金利も含め、保証協会に事前確認しておくこと。 | ☐ |

【チェック時点：計画ができ上がりすべての金融機関に合意を求める直前でのポイント】

| 項　　目 | 内　　　　容 | |
|---|---|---|
| 金融機関の事業性評価 | 経営者の考える事業の方向と、金融機関が感じている事業の方向性が全く相反しているケースがある。一般的に金融機関は保守的な経営を望んでいるが、それが正しいとは限らない。 | ☐ |

| 項　　目 | 内　　　容 | |
|---|---|---|
| 金融スキーム | 実抜・合実に納まる財務内容なのか否かを確認の上、金融スキームを擦り合せる。なお、実技・合実に納まらない場合でも暫定リスケで対応すればよく、悲観することはない。 | □ |
| 経営者責任・株主責任 | リスケを前提としたケースでは責任を取ることは殆どないが、債権カットや第二会社方式等のスキームに至る場合は必ず触れる必要がある。 | □ |
| 期限の利益の取り方 | 計画策定後の金融機関の条件変更手続き、特に期間をチェックしておく。但し、この期間の判断は金融機関毎の判断であり、同調させることは難しい。（金融機関の担当者は最も気にする。） | □ |
| 同意書の取扱い | バンクミーティングを開催するのか、持ち回り説明とするのか。条件を変更しない金融機関は確認書で良いのかの事前チェック。 | □ |
| モニタタリング | 期間は 3 か月毎か、半年毎か、1 年毎（決算時）の何れかを定めることとなる。また、モニタリングすべき項目を事前に確りと擦り合わせておくことが重要である。 | □ |

## 【その他として留意すべきポイント】

| 項　　目 | 内　　　容 | |
|---|---|---|
| リース | リースの利用残が大きい企業の場合は、どのような扱いとすべきかをメイン金融機関と事前に相談すべき（リース会計対応企業は、リース返済額が減価償却の中に入っている）。 | □ |
| 金融機関内部の偏頗弁済 | プロパー貸から先に回収し、保証協会付貸出の返済を後に回すようなケースは不味い。 | □ |
| 社長役員報酬 | 世間相場より高い場合は金融機関から指摘されること必至。またバンクミーティングでも揉める。債務者と債権者の双方が納得行くものとする。 | □ |
| 社長の腹落ち度 | 社長が腹落ちしてない計画では、金融機関から同意が得られない。またモニタリング期間中に計画対比未達になることは必至である。社長に理解して頂くことが何より重要である。 | □ |

参考資料7 計画策定に伴う金融機関等との確認項目 は認定支援機関の方を対象としていますが、それ以外の読者の方もじっくりとこれを眺めて頂ければイメージが湧いてくると思います。

表に基づいて個々の項目をチェックすれば、重要な問題は殆ど解決できるはずです。

言葉を変えると、この表に載せている項目は、金融機関が気にする項目です。リスケに伴う計画の策定の相手は金融機関になります。また、認定支援機関による経営改善計画も、バンクミーティング等を経て金融機関の合意が得られなければ国からの補助金支給対象になりません。つまり、金融機関が納得することが重要であり、そのための確認事項となるのです。

但し、ここで重要なのは金融機関のいいなりになるのではありません。

原則は金融機関とは協調路線を取り合うということがリスケ計画を仕上げるコツです。そして、この表の中の多くの項目が金融機関との理解をお互いに深め合うものでもあります。したがって、非常に重要なので、各々の項目に関して金融機関のスタンダードな考え方を記しておきます。

なお、金融機関の業態（大手行なのか地域金融機関なのか）や、その個々の金融機関が定める当該企業への取引方針により考え方が微妙に変わりますので、その点はご配慮ください。

## Ⅰ 特に留意すべき2つのポイント

### ① 当該金融機関がメインなのか付き合いなのかということ

その金融機関のポジションで個々の考え方に関して大きな差が出ます。

そもそもとして融資先の業績が悪化したとすれば、金融機関の管理負担が増えます。そうなると融資シェアが極めて低い金融機関は、メインバンクに肩代わって貰いたいと考えます。場合によっては相当厳しいことを言って経営者に嫌われてでもメインに肩代わって貰おうとします。そこでメインバンクが当該企業を支える気持ちがなければ、その会社を中心として金融機関同士の喧嘩になります。

そうなると当該金融機関の協調体制に大きな暗雲が漂うことになります。これが最も怖いことです。

**②　金融機関の取引方針**

このポイントは、士業の皆さんはあまり気付いていないことです。

金融機関は融資先に対する債務者区分の他に、何らかの形で取引方針を持っています。窮境状態になったからといっても、「メインとしてこの会社を支援する」と金融機関が考える取引先であれば支援は続きます。

一方、「この取引先は正常先だが何等かの要因があり、融資はこれ以上増やさない」と定めている場合もあります。担保があっても金融機関が融資しないということは、この取引方針に反する場合です。

これも非常に重要なことですが、残念ながら当該企業そのものも、そして そこを支援する専門家の先生方であっても分かり難いものでもあります。

１つヒントとしてアドバイスするのであれば、会社が同席しない場で支援専門家の士業先生方が金融機関と話し合うことです。それにより金融機関のその会社に対する取引方針のイメージが把握できるはずです。

因みにこの取引方針は、金融機関の業態によって様々な形で表現されますのでお気を付けください。メガバンクは明確な表現でルールとして定めるケースが多いのですが、地域金融機関は阿吽の呼吸のようなもので認識されている場合があります。支店の懇親会の中心的役割であったとか、その地域金融機関の理事等トップ層との懇意な関係等々により、財務内容が悪化していたとしても支えてくれることがあります。以上をベースに計画策定に繋げることが肝要です。

さて、参考資料７ の項目を１つずつ見ていきましょう。

リスケを行っている企業の計画策定時のポイントです。まずは金融機関のオーソドックスな考え方、そして、それに対して会社や専門家士業がどう対応するのかの方向性を記しますので、しっかりと頭に入れてください。

# 1 計画策定前にメイン金融機関と詰めるべきポイント

## I 窮境要因

基本：当該企業の社長からヒアリングした窮境要因と金融機関が認識する要因が違うケースがあるので一致させ、同じ目線で計画を語る。

初っ端から悩ましいことを説明します。計画策定にあたり最も大きな課題です。

批判を恐れずに明言するなら、金融機関も融資先の窮境要因を明確に掴んでいないことが多々あります。掴んでいるとしても、当該企業の社長からヒアリングした窮境要因が金融機関の認識している要因と違うケースもあります。

ここに差があってはメインバンクと同じ目線で計画を語ることができません。

この窮境要因を明確にするために、重い再生計画では事業面に特化したDDを行います。加えて、**第5章**「リスケ計画に関してコロナ禍により変わったこと」で、窮境要因はコロナ禍そのものなのか、それともそれ以外なのかを明確に分ける必要があると記していますが、コロナ以外の要因があるとしたら、それを明確にしなければならないのです。

そして、仮にコロナ禍以外に何か不味い窮境要因がありそうだと感じたら、徹底的にメイン金融機関等と議論してください。当然のことながら経営者や幹部の方ともお話しすべきです。

リスケ計画を円滑に策定する近道は、そこを一致させることです。

## Ⅱ　資金繰り状況

基本：私的再生は資金繰りが安定していることが前提となる。
資金繰りが厳しい場合、メインバンクの DIP 的支援可否をヒアリングしておく。

金融機関は、計画を策定するのは良いとして、計画策定期間中やその後の計画期間内で資金繰り破綻することを最も恐れます。

したがって、計画の策定前に資金繰り計画を提示すべきです。

ここで間違ってはならないのは、過去の資金繰り実績を提示するだけではないということです。最低、半年程度の資金繰り計画を提示することが必要になります。

また、月中で資金繰り破綻が起こる恐れがある場合は、１日毎の資金繰り計画（日繰りと称されます）も作成の上、金融機関に提示すべきです。

しかしながら、資金繰り計画を作成することに関して、不慣れな会社が多いのが実情です。したがって、会社が資金繰り計画を策定していない場合、２つのやり方があります。

**①　会社が作成する**

この際に会社を指導すべき専門家が付いているのでしたら、その専門家がチェックを行うことになります。経費削減等を駆使し、収支尻を厳密にチェックの上、計画で示す資金繰りがマイナスにならないようにする必要があります。

**②　専門家が計画を策定する（会社が作成できない場合）**

会社が作成できない場合には専門家が計画を策定します。

試算表を作成している場合は顧問の税理士なら作成可能です。しかし、試算表も作成していない会社もありますので、その際には経営者や経理担当と膝をつきあわせて作成するしかないということになります。

そして、この場合には、資金繰り計画に関しては誰がどの程度関与して作成したのかを金融機関に説明しておくことが重要です。

専門家が計画を策定しても金融機関に睨まれることはまずありません。

なお、どうしても資金繰りがマイナスになるのならば、あらためて、政府系の金融機関に資金支援を仰ぐことも検討すべきです。また、場合によってはDIPファイナンスという手法も検討すべきです。この手法は民事再生等の法的再生に使われることを前提としていましたが、最近では私的再生でも活用されるケースが増えてきました。

通常の金融機関からの支援がどうしても得られない場合、ノンバンクからの調達も検討せざるを得ません。斯様な時こそ、メインバンクと事前にお話しすべき事態なのです。取引が中位や付き合いの金融機関（融資シェアの低い金融機関）からは何故ノンバンクを利用するのかという批判が出ること間違いないのですが、そのような局面となった際には、メインバンクと話し合った結果だということを説明しますと、凡その場合は批判もなくなります。

## Ⅲ　一時停止

基本：資金繰が厳しい場合、一時停止が必要（認定支援機関にとっては有利）。

この一時停止という手法を金融機関に打診した場合、金融機関からの反応は鈍いと思われます。金融機関の担当レベルでは知らないことが多いのが本音です。

どのような手法かといいますと、「返済猶予依頼書」という書類を金融機関に提示し、計画策定期間中は金融機関の返済を一斉に猶予するということです。

そもそもは私的再生の憲法と言われる私的整理のガイドラインにて定められた項目であり、現在も準則型私的整理（一定の公明公平なルールに従った私的再生）では必ず活用されますが、認定支援機関による経営改善支援計画では左程使われない手法です。この点に関しては、残念ながら405制度を活用する認定支援機関でもこの一時停止のルールを御存じない方がおられます。但し、使ってはいけないということではありませんので、一度はメイン金融機関に確認を行ってください。

因みに取引金融機関すべてが一斉に返済を停止することになりますが、公明公正な対応であること、かつ、これは私的再生に則った正当な手法です。したがって、資金繰りに苦しむ会社にとっては有利な制度となるので、コロナ緊急融資の更なる利用が難しく、またリスケの依頼を金融機関にしたものの渋られたケース等があれば、この制度を活用すべきです。

## Ⅳ　現預金残高

基本：現預金残高を粉飾に利用する（残高水増し）ケースが多いため、
　　　残高証明書原本とチェックする。

融資を行っている金融機関は、意外と他の金融機関の情報を掴んでいません。したがって、リスケ計画を支援する際、専門家の方には基礎データとしてチェックすべきプライオリティが高い事項として現預金残高を確認することをお奨めします。

なお、大変残念なことですが、現預金残高を粉飾に利用する（残高水増し）ケースが多いのが本音です。手慣れた担当者やしっかりした金融機関、また真摯な企業であれば決算書及び税務申告書に預金残高証明書を添付しています。また、必ずコピーではなく現物と確認すべきです。

次に各金融機関毎（メインのみならずすべてです）の預金取引状況として確認してほしいことは、定期預金や定期積み金が金融機関の担保になっているか否かです。メイン金融機関は他行の預金担保融資を掴んでいないケースが多いのも実情です。加えて、当該企業が商取引の決済に主に活用する金融機関名（請求書に記載する金融機関の名前と順序）も確認しておくべきです。

## V　定期預金・定期積み金

基本：預金担保の有無を確認する。原則は相殺させる。
　　　但し、預金担保にはなっていないが、実質両建てとして金融機関から見做されていることがあるので、それをチェックする。

この定期預金担保は、融資を行っている金融機関は意外と他の金融機関の情報を掴んでいない類のもので、「他の金融機関にて、このような定期預金の差し入れ担保がありました」と報告すると、激怒する金融機関の担当者もいますのでお話しする際には注意してください。

但し、リスケ計画に伴う計画で嘘をつくわけにはいきませんので、いつかはお話しすべき事項です。早めにタイミングを見てお話しすべき重要な項目と認識しておいてください。

因みに厄介なのは、正式な預金担保にはなっていないものの、実質両建てとして金融機関から見做されている定期預金です。経営者としては「この預金は担保ではないが解約してくれないものだろうな」と認識しているはずです。このように不必要に両建てになり、もし解約して貰えないのなら、支払金利削減に繋がるのでやはり即刻相殺すべきです。

なお、専門家の方が原理原則を押し通して当該定期預金を解約して運転資金に充当するということでしたら、それは筆者としては止めません。但し、全金融機関と良好な関係でリスケ計画を策定したいのであれば、担保になっていない定期預金に関しても当該金融機関と十二分に議論することを提案します。

なお、実質両建てとして金融機関から見做されている定期預金が、例えば商業手形の割引枠や貿易を行うための枠（輸入信用状開設用の極度枠）の見合いとして認識されているのであれば、それを解約するのは難しい局面となることを付け加えておきます。

最後に１点、変わり種としては定期積み立てがあります。これを行っていないかもチェックすべきです。窮境状態に陥っている企業が定期積み立てを行っているのはやはり異常であり、これを続けていることにより他の金融機関からの合意を得る際に火種に繋がる恐れがあります。

## Ⅵ 借入内容・金利

基本：返済明細書にてチェックする。
開示していない借入の有無（粉飾）に留意する。また担保も詳細にチェックする。
動産担保等にも留意すること。

何度も記しますが、融資を行っている金融機関は他の金融機関の情報を掴んでいないことが多々あります。したがって、ここを金融機関の担当者は目を皿のようにして見ます。即ち、これが間違っていては根底から崩れることになります。計画を策定する際には、借入の明細を１つ１つ丁寧にチェックすることになります。

まずは会社から返済明細書を入手して一覧表を作成し、その後、それを早い段階でメイン金融機関のみならず全金融機関に確認することをお奨めします。併せて、金利と連帯保証人が誰なのかもチェックすべきです。とても重要なことです。

なお、担保の有無も確認することになります。最近はABLという動産担保や中には知財を担保にするケースも増えてきました。最も多いのは売掛金を担保にしているケースです。当該売掛金が正式に担保となったものか、それを見合いとしているものなのか（現実的には見合いになっているケースも多い様です）等々もご確認ください。

## Ⅶ 返済状況

基本：条件変更を行っているとすれば月々幾らの返済なのか、いつからそのような状態になっているのかを確認する。
特に偏頗弁済の有無は必ずチェックする。

この項目はⅥの借入明細のチェックで行えます。

ここで最も重要なことはリスケを行っている企業であれば、偏頗弁済になっているのか否かの確認です。

偏頗とは偏ったということであり、即ち不公平な状態を指す言葉です。リスケですと、返済金額が借入総額に対して当該金融機関の比率になっていることが前提です。これをプロラタ返済といいます。リスケ対応の際は担保が付いていようといなくとも、残高に対する当該金融機関の残高で返済額を定める残高プロラタ方式が一般的です（担保を除いた非保全額でのプロラタ返済を主張する金融機関もありますが、リスケでは、殆どが融資残高によるプロラタ返済です）。

その公平な比率になっているのか否かを最も金融機関は気にします。気にする最大のポイントかもしれません。

なお、リスケの場合利払いを止めたというケースは、殆ど見かけません。利払いを止めるケースは法的対応を念頭に置く事態と金融機関は考えますので、その点をご留意ください。

## Ⅷ 条件変更手続き

基本：次回期日と手続きの期間が重要。次回条件変更期日までに計画策定を終えることが望ましい。

リスケを行っている場合、金融機関担当者は次回の条件変更までに計画策定と他の金融機関も含めた合意が得られるか否かを気にします。

もし、その期日が間近であり、計画策定に余裕がない場合は、いつ頃に計画が策定でき、他の債権者も含めた合意を得られるのかという時期を提示してください。最も重要なことは、その期間まで条件変更手続きを棚上げにしないことです。棚上げのままとすることの恐ろしさは、**第2章**の**4**の「条件変更契約の重要性」をご覧ください。

なお、各々の取引金融機関は他の金融機関の条件変更期日も把握しておらず、それを聞かれることもありますので、一覧表等にしておくことをお奨めします。

## Ⅸ　資金使途

基本：設備投資なのか運転資金なのか等を確認する。
なお、短期繋ぎ資金がある場合、それを支援した当該金融機関は計画合意への抵抗感が大きい。

融資の１本１本に関して、何を資金使途として融資されたものなのかを確認することは非常に重要なことです。リスケに伴う計画と、正常先に対する計画の最大の考え方の違いがここになります。

大きな特徴として、金融機関にとって正常先の企業に対する融資の返済に対する考え方は、例えば設備投資であれば長年にわたる当該設備からのCFと減価償却に見合った借入期間になりますが（**第10章**の「融資に対する金融機関の考え方の整理」を参照してください）、年度末の官公庁の工事を請け負うために一時的に融資を受ける際は、極短期、恐らくは数か月の融資期間になります。

一方、リスケに伴う返済計画はこの面をすべて無視して、前述した残高プロラタ方式になります。

そうなると、例えば極短期での融資期間となる官公庁宛繋ぎ融資を行った金融機関は、かなり腹を立てます。わずか数か月で回収できると考えて融資したものが、塩漬けになるかもしれないのです。官公庁からの回収金なら確実なので、怒りは倍増することになることでしょう。

でも、残念なことにリスケ計画は全金融機関を対象とした公平公明なるものなので、一般的には残高プロラタに帰着することが多く、腹を立てた金融機関も納得せざるをえないのが一般的です。

斯様にリスケに伴うプロラタ返済とは、資金使途に見合った融資期間が崩れてしまうのです。この点は、皆様にご理解いただきたい最大のポイントだと断言しても良いと思います。

## X　手証貸以外の与信項目

基本：手形割引と外為与信には特に留意する。
債務者区分がダウングレードすると、一般的にはこれらの支援はできなくなる。

リスケ対応を依頼すると、金融機関の担当者はにべもなく「商業手形の割引ができなくなります」とか、「割引する際に時間が掛かります」と発言することがあります。これはどういう意味でしょうか。

**①　極度での対応が難しくなる**

一言でいうと、極度での対応が難しくなるということです。

商業手形の割引に関しては、通常の金融機関だと一定の枠を設定してその範囲内なら即座に割引します。極度枠が幾らなのかは教えてもらえることは少ないのですが、正常先だとこのような対応が一般的です。それが債務者区分がダウングレードすると、この極度対応が一般的には取れなくなります。

**②　手形割引枠以外として外為与信枠に留意**

読者の皆様は金融機関による融資以外のサービスや商品をご存知ですか。

すべてに精通する必要はありませんが、外為与信枠にご留意ください。これらの極度枠対応は、特に破綻懸念先に落ちるとまず間違いなく廃止になります。

この支援が得られなくなると、当該企業の生命線を止めてしまうことになりかねません。手形割引の重要性を理解している方は多いのですが、外為与信の重要性を認識してない方が多いのは困ったことです。貿易商社がこの外為与信（輸入L/Cの枠とか呼ばれています）の支援が得られないと、一発で企業の存在基盤を失うことになります。

その対応策として、例えば輸入L/Cを開設せずに送金対応（前払い）に移行する対応策を採る企業が多いのですが、前払いが嵩み、結果として資金繰りに悪影響を及ぼすケースとなるパターンが非常に多いのです。お気を付けください。

## XI　関連会社

基本：関連会社との取引内容や不明朗な取引の有無をチェックする。
　　　貸借関係あれば当該企業本体と取引のある金融機関のみならず、関連企業に融資している金融機関もバンクミーティングに招聘すべき。

殆どの金融機関は関連会社の存在を気にしています。会社に訪問した際に看板をチェックしたり、会社のホームページを覗いては確認しているはずです。

**①　当該金融機関が融資していない関連会社が大赤字の場合**

その関連会社に対しては融資をしていないとしても大きな赤字になっていたとしたら、金融機関は当然心配しますよね。

この問題も大きな課題をはらんでいます。

融資していないとして、その金融機関は関連会社の決算の提出を求める権利があるのでしょうか。自らの融資先企業がその関連会社の融資の保証人になっているとすれば、提出を求める権利があると判断されるかもしれません。

但し、保証もしていないとすれば、金融機関は要求する権利がありません。但し、その都度判断の上、提出することも検討してください。

**② 金融機関が関連会社の決算を入手した場合**

関連会社宛融資の有無は別にして、多くの場合は合算しています。概略にはなりますが、特にBSは合算します。そこでお互いの売掛買掛を相殺しますが、当該企業とその関連会社間の売掛・買掛残高や資金貸借の金額が異なっている場合は当然のことながら質問されることになります。

**③ 決算期がお互いに違っている場合**

この場合は試算表で合算することもありますが、分かり辛いのが本音であり、決算期を意図的に変えていると見做されても仕方ないことに留意してください。

**④ 金融機関の内部での関連会社の定義**

このような面倒な作業を伴う関連会社の定義ですが、金融機関の内部ではどうなっているのでしょうか。株式を所有しているだけの単なるペーパーカンパニーでも睨まれるのでしょうか。各金融機関の反応を勘案しまして、一般的なケースを説明しておきます。

上場企業等のルールはありますが、一般的には実態がどうなのかで判断しているようです。具体的には以下の３点で判断している金融機関が多いようです。

・資本を半分以上握っている（当該企業のみならず社長一族や社長の持ち株会社が所有するケースも含む）。
・経営者が同一。
・お互いに深い商取引が存在するケース。

なお、親会社が子会社の借入を保証している場合、子会社に融資している金融機関から、親会社の財務内容の開示を求められるはずです。これには対応すべきであると筆者は考えます。

### ⑤　厄介な２つのケース

（ⅰ）リスケに対する計画の同意を求める際、その企業と関連会社の返済割合を定めるケース

これは、２社合算として前述した残高プロラタで計算するのか、それとも各々の企業で計算するのか、金融機関間でかなり揉めることを指します。

各々の企業に対して、片方にしか融資してない金融機関は、２社合算して返済するのか、１社だけで返済額を計算するのかで損得が発生します。支援する専門家が、各金融機関の間でたらい回しされる事態になります。

（ⅱ）海外に現地法人を有する場合

海外に展開していない金融機関、例えば地域金融機関のみが融資する企業に関しても、最近は東アジアや中国に工場を有しているケースが増えています。

その海外の工場が採算を確保できずに大きな赤字を抱えている場合、その親会社は立ち直ることはできるのでしょうか。それを判断する際には、海外の工場の財務面や事業面のDD、果ては撤退する際の法務面の課題調査等々を行わねばなりません。大変な調査負荷が生じるのです。

これに対して、専門家の先生が逃げる訳には参りません。因みにこの問題は、我が国の大きな課題ともいえましょう。

## Ⅻ　社長個人ローン

基本：住宅ローン以外の金融機関借入に留意する。
社長から当該企業宛個人貸出があれば、社長が借り入れているローンは事業性借入である。
また、それを優先して返済していれば偏頗弁済になる。

個人ローンは会社のリスケ計画に関係ないと考えている専門家の方が多いのではないでしょうか。

しかし、そうではありません。仮に住宅ローンといえども、経営者に対してそのローンを融資する金融機関にとっては、そのローンの返済原資は当該企業からの役員報酬になるのです。XI の関連会社の定義でいえば、その会社の社長が関連会社そのものなのです。したがって、この取扱いも金融機関とは丁寧に話し合うべき事項です。

ここでも厄介な問題があります。

社長が実際に生活する物件を購入した住宅ローンであれば問題ないのですが（住んでいる物件やその金額、そして借り入れているローンの金額等、全く問題ないかといえばそうではありません）、それ以外の目的ローンであれば本来はリスケ計画の返済面に微妙な影響が出てきます。

特に社長に住宅ローン以外で金融機関からの借入があり、その当該社長から当該企業に個人貸出があるとすれば、それは事業性の借入ということになります。場合によっては社長の個人ローン返済も残高プロラタの対象とすべきか否かを検討する必要が出てきます。

因みに大変厳しい会社になりますと、社長の個人カードローンが当該企業の資金繰りを支えているようなケースがあります。消費者金融系のカードローンが多いのですが、兎に角、このような資金繰りは安定的な経営が続けられないリスクがあり、早期に是正すべき状態です。

また、社長に個人ローンがなくとも、リスケを行っているのに会社から社長宛新規貸付を行ったり、社長からの会社宛て貸付金の返済を金融機関の了解なく行うと、それも金融機関から注意されますのでお気を付けください。

## XIII 期流れ借入

基本：期流れ発生（債務に関する期限の利益喪失）は不安定な状況であり、私的再生には馴染まない。
条件変更の手続きが期日を過ぎている場合も同様である。また延滞利息にも留意する。

第２章の４の「条件変更契約の重要性」でその怖さを、また、Ⅷの「条件変更手続き」にて条件変更手続きを棚上げにしてはいけないことを強調してきました。したがって、条件変更の契約が為されていない状態、即ち期流れが発生していないことを確認すべきです。

なお、大変残念なことですが、１つの金融機関で期流れが発生しますと、瞬く間に会社を通して全金融機関に話が拡がって行きます。これは取引金融機関が最も気にするところです。そのような場合、嘘はつけませんので期流れを起こしている金融機関があるという真実を他の金融機関に伝えねばなりません。それにより、条件変更の手続きに応じてくれない金融機関が続出するかもしれません。これは恐ろしいことです。金融機関に合意を求めるリスケ計画をしっかり仕上げることが円滑な条件変更手続きにも繋がることになります。

期流れが発生している企業にとっては、リスケ計画を成立させることが第一となります。

## XIV　不動産評価

基本：GC（簿価）か時価か清算評価か、それを擦り合せる。
　　　なお、場合によってはDCF評価が必要。
　　　因みにメイン金融機関の不動産評価を利用することが、無用なコスト発生の抑制に繋がる。

この項目は金融機関の担当者は左程気にしていませんが、計画を成立させるために、非常に重い意味合いがあります。

金融機関にとって不動産は時価で評価すべきであり、担保に取っているとその価格に掛目をいれたもの（通常は時価の７掛け）になります。一方、企業にとっては不動産の価値を簿価でBSに計上しているのみですが、その簿価が実勢値を示すものではありません。

要は簿価と時価の差を反映させるのか否かです。

この考え方は、業態等により各金融機関により区々です。その上、債務者区分によっても簿価と時価の差を反映させる区分とそうではない区分があること、また事業用不動産か非事業か、果ては遊休不動産ならどうなるのかという定義まで定めた金融機関もあるようです。

なお、ここまで細かく定める必要があるのかどうかという議論もありますが士業の方には頭の中に入れておいて頂きたいこととして、規模が左程大きくない会社のリスケ計画ならば、まずは簿価で表記し、その上で実勢との差額を求められたとしたら固定資産税上の評価を割り戻す等で対応することをお奨めします。

一方、企業規模が大きい場合や、リスケ計画では納まらずスポンサーを招聘する第二会社方式等を採る場合は、正式な不動産鑑定を行い、その値を反映させることになります。

## XV 金融機関内部決定権限者

基本：支店決裁か本部決裁か。
　　　これによって金融機関の意思を確認するための時間の掛かり方が違ってくる。

これは簡単です。

メイン金融機関の担当者と打ち合わせる際に、さらっと「計画の合意は支店決裁ですか、それとも本部決裁になりますか」と軽く質問しておいてください。

決裁とは策定したリスケ計画や返済計画のオーソライズに関して、現場の支店決裁で納まるのか、それとも本部決裁になるのかということです。

当然のことながら、本部決裁になると相応の検討時間が必要となりますし、何人もの目を経て計画がチェックされることになりますので、相応の覚悟が必要になるということです。

なお、回答することを嫌がる担当者もいると思いますが、そこはあまり深追いすることは止めておいた方がよろしいかもしれません。

## XVI 税金・社保延滞

基本：当該企業から実態を十二分にヒアリングし、延滞がある場合はメイン金融機関と必ず事前相談しておく。因みに金融機関は延滞のリスクを知らない場合もある。

非常に重要です。これは金融機関の担当者が認識してなかったとしても、計画策定に伴い金融機関に知らせておくべき事項です（1章の5「滞納公租公課の危険性」を参照してください)。なお､税務署と然るべき手続きを行っているとしても、これもコロナ禍より前からの猶予のものとコロナ禍に伴う納税の猶予と2種類がありますので、そこを明確にして、かつその納付猶予期間を金融機関に知らせておくべきです。

## XVII CF影響項目

基本：一括支払システム等の有無を確認する。
中堅以上の企業では斯様な特殊なケースが散見される。
またデリバティブの有無や、その清算融資の有無も必ず確認する。

一括支払システムや貿易与信に関わるファイナンスに関して、金融機関を経験してない方には残念ながら理解に苦しむスキームが存在します。斯様な類のものに関しては、計画策定の前段階で十二分にヒアリングすることをお奨めします。

因みに大きなデリバティブによる含み損を抱える企業は減ってきましたが、その清算融資が残っている企業は意外と存在します。Ⅸの資金使途を確認する際に、併せてチェックしてください。

デリバティブとは金融派生商品のことで、主には以下の２点で企業が著しく含み損を抱えることです。

・外国為替に伴う決済。

・借入に伴う固定金利と変動金利のスワップ。

そして清算融資とは、その含み損を決算書の上で顕在化させるために差損決済を行うための借入を行うことです。とんでもなく大きな金額になることがありますので、ご注意ください。

## ⅩⅧ 過去の再生計画

基本：過去よりリスケ対応してきた企業は、紙ペラ１枚という粗いものも含め計画らしきものが存在するケースが多い。

これも一通り、メイン金融機関の担当者にヒアリングしてください。

親密なメイン金融機関の場合、その系列コンサルティング子会社や当該金融機関が紹介した専門家による過去の計画が存在する場合があります。一方、場合によってはそれらの計画の提出を金融機関が拒む場合がありますので、これは当該企業の経営者に確認する方が妥当かもしれません。

金融円滑化法の頃より長くリスケ状態にあった企業なら、紙ペラ１枚という粗いものも含め計画らしきものが存在するケースが多いはずです。なお、金融円滑化法利用企業の特徴として、当該計画を金融機関サイドが策定しているケースが多いのですが、そのような場合には、まず金融機関からの開示はあり得ないということになります。

因みにコロナ禍の影響は大きく、過去の計画を見ても意味がないのが事実ですが、何故それを確認すべきかというと、当時に議論した窮境要因が現在除去されているのか否か、そして、その計画に対する経営者の意見（反省の弁）をヒアリングすることが必要だからです。

多くの経営改善計画の反省点は、計画に対するレビューやその総括が少ないことです。中には「この計画は金融機関が勝手に立てたものであり、私は知らない」と発言する経営者もいることでしょう。経営者の人格にもよりますが、残念ながら斯様な方がいるのも事実です。それを２度と言わせないような関係を構築し、新たな再生計画を策定することが重要なのです。

## XIX　TAX プラン

基本：繰越欠損金残高と期限を必ず確認の上、計画（CF 上の留意点）に反映させることが必要。

これに関しては金融機関の担当としてはあまり興味がないことだと思いますが、欠損金の大きさによって返済のスピードが大きく変わります。そのニュアンスをメイン金融機関担当者には説明しておくべきと思います。

## XX　経営者保証ガイドライン

基本：この制度を活用する場合も、金融機関と綿密に打ち合わせする必要がある。
場合によっては弁護士を入れるべきである。

リスケ計画の場合には経営者保証ガイドラインに関わることはかなり少ないと思いますが、仮にそのようなことになるのでしたら、それこそメイン金融機関には入念に事前に説明しておくべき事項だと思われます。

## コラム　経営者保証ガイドラインとは

この制度は金融庁と中小企業庁の後押しで日本商工会議所と一般社団法人全国銀行協会が事務局となり、2014 年 2 月から運用開始されました。

金融機関から融資を受ける際、殆どのケースで経営者は個人保証（連帯保証）を求められます。それに対して融資の入り口（新規融資の実行時）と出口（融資の回収時）に関して 2 つの側面が定められました。

**①　入り口**

会社を経営する上で経営者個人の私的な流用がないこと等を前提に、経営者の個人保証を求めないという運用です。比較的この入り口段階での対応は拡がっており、金融機関も協力的なスタンスを示しています。

**②　出口**

経営者が多額の個人保証を行っていても、早期に事業再生や廃業を決断した際、一定の生活費（従来の自由財産 99 万円に加え、年齢等に応じて約 100 ～ 360 万円）を残すことや、華美でないという前提は付きますが自宅にも住み続けられるようにし、そして個人保証も解除しようという運用です。

保証債務の履行時に返済しきれない債務残額は原則として免除することとなりますし、破産というレッテルは貼られませんので中々に魅力的な制度です。但し、残念ながらこの 2 つ目の出口に関するガイドラインは、1 つ目の入り口に比べて左程の拡がりが見られておりません。金融機関が運用の基準を緩めていないことに原因がありそうです。

なお、制度や運営面は各種ホームページ等でかなり多くのことが紹介されていますので、本書ではその詳細説明は割愛しますが、問題となっている 2 つ目の出口運用に関しては多くの課題が残っています。

このコロナにより債務超過等に陥る企業は増えていくものと思われ、

そして債務超過に陥った企業は後継者が現れないのも事実です。この点を改善しないと事業承継も進みません。

　したがって、多くの施策が国より展開されていますので、今後この経営者保証ガイドラインが如何なる方向に向かうのかが注目されるところです。

# 2 計画策定中にメイン金融機関と詰めるべきポイント

## I 不動産評価

基本：事前ヒアリングで確認した後、その影響（実態 BS への影響等を確認の上）や対応策を最終評価の前に必ず擦り合わせする。

不動産の評価基準を計画策定中に金融機関とすり合わせる目的は、実質債務超過の金額に対して大きく影響を及ぼすからです。

通常の準則型私的整理に則った計画策定であれば、恣意的に不動産の評価方法を変える必要はありません。中立的な立場の機関による判断が尊重されます。

一方、例えば認定支援機関による経営改善支援計画であれば、405 制度を利用する際に協力頂くメイン金融機関等と、その評価方法をすり合わせることが必要です。

なお、今一度、固定資産の評価方法に関して、ここで整理しておきます。

**① 簿価での評価は一番簡単**

土地を購入した際の金額である簿価での評価がまずは最も簡単です。金融機関による債務者区分が要注意程度と左程劣化してないときは、GC（ゴーイングコンサーン）評価という観点で事業用として稼働している営業資産であるならば、簿価のままでも良いという考え方があります。

**② 遊休資産は時価表示**

遊休資産等の場合は売却することがありえますので、債務者区分に関わらずこれは時価表示とすべきという判断の考え方になるのが一般的です。

**③ BS にある資産をすべて時価表示で統一**

当然のことですが、BS にある資産をすべて時価表示で統一するということもありえます。

一般的に準則型私的整理で対応する場合はこの評価になります。但し、そうすると、往々にして債務超過の金額が膨れる場合がありますし、時価を調査するためには相応の費用負担が必要な不動産鑑定を取ることになりますので、全国的に不動産を所有する企業だとかなりのコストを掛けることになってしまいます。

**④　収益用不動産はディスカウントキャッシュフローで評価**

収益用不動産であれば（本社の建物の上のフロアーが賃貸用マンションになっているケース等）、債務者区分がどのようなレベルにしろ、ディスカウントキャッシュフローで評価すべきという考え方が優先されます（ディスカウントキャッシュフローとはDCFとも表記され、具体的には賃貸用マンション等であれば、その賃料をベースに適切な割引率を使用してその価値を割り戻す方法です）。

但し、このDCF評価を行うか否かも金融機関によって統一されてはいないようなので、まずはメイン金融機関の話を聞くことをお奨めする次第です。

**⑤　第二会社手法を活用した債権売却の際の固定資産評価は清算価値**

私的再生においてスポンサーによる第二会社手法を活用した債権売却の際の固定資産評価は、原則清算価値になります。

清算価値とは土地を実際に処分したらどうなるのかということです。例えば、土壌汚染がある場合や上物取り壊しにかなりのコストが掛かるという場合には、そのコストも加味することになります。

但し、実務的にはそのコストを判定するためには、不動産の鑑定に加え、莫大な調査費用が発生することがあります。そのような費用を掛けることは、債権者である金融機関にとっても、また資金繰りに悩む企業にとっても得策ではありません。

そこで不動産鑑定の結果に基づき、土壌汚染の調査は行わないで代わりに「早期売却価格」という評価で勘案することもあり得ます。この「早期売却価格」とは特定価格とも呼ばれるもので、民事再生の法的対応等で使われる用語です。

一般的に使用することは限定的ですが、限られた時間で企業を再生する場合、法的再生に準拠した私的再生でもよく使われます。不動産鑑定で導かれた数値に対し、過去の競売傾向や立地等により掛目を入れることになります。

土壌汚染に関して補足すると、担保として不動産を差し入れている場合、その不動産が土壌汚染の恐れがあるときは、そこにも一定の掛目を入れる金融機関があるようですが、この土壌汚染だけは別格で、本当は調査をしないとわかりません。何せこれを浄化しなければ、その物件を売却することはできません。当該物件を処分することになるのなら、実際には何らかの専門機関で最低限の調査を行うべきかと筆者は考えます。

**⑥　建物等の減価償却対象資産**

参考まで記しておきます。利益対策等の背景により減価償却を行っていない場合は、簿価から償却不足額を差し引くのが金融機関の一般的な考え方です。但し、売却等除却する際は簿価との差が顕在化することになり、償却不足があっても問題としない金融機関もあります。償却不足に関しては、利益も資産も減額する金融機関、利益のみ減算する金融機関等々ルールが様々ですので、この点も重要な擦り合わせが必要です。

考え方が複雑多岐にわたるのが不動産の評価額です。考え方をよく整理して計画を進めることをお奨めします。

## II　粉飾

基本：神経質になる金融機関は多い。
会計処理上異例なものを含め若干でも疑義ある場合は（異例な会計処理も含め）、その判断（責任や対応策）を擦り合わせておく。

これはあったら、大変なことです。金融機関の担当者が怒ったとしても、まずは会社と専門家の先生が金融機関に真摯に相談すべき事項です。この相談は、兎に角メイン金融機関と話し合うことをお奨めします。

因みに重い粉飾が発覚したとすれば、計画に対する最終的な合意が全金融機関から得られないという最悪の事態も想定すべきでしょう。

一方、そうはいってもその企業を破綻に追い込むことのような対応は金融機関も取りませんので、**第11章**の「粉飾決算に対する考え方」で説明しているとおり、弁護士等の第三者によるガバナンス構築等を計画に沿えて、計画合意を目指すべきです。

## Ⅲ　社長個人宛資金流出

基本：この項目も神経質になる金融機関が多い。
企業経営のガバナンスという観点からは不味い。
事実を徹底的に解明し、その影響等を明確にした上で、今後の対応を決めておく。

金融機関はリスケ対応、即ち返済を棚上げすることを認める代わりに、このようなケースに対しては強硬な態度を採ることが多いのも本音です。

残念なことではありますが、大多数の中小企業でこのようなケースが発覚するのも事実です。そのような際には会社は動揺しますが、実は金融機関も動揺しています。

したがって、事実を徹底的に解明しその影響等を明確にすると共に、過去の資金流出等の償いも含めて今後の対応策をメイン金融機関と十二分に話し合って計画に盛り込むことです。

## Ⅳ 短期繋ぎ資金

基本：金融調整案対象借入として良いものなのか。
　　　また貿易金融等の扱いも同様のチェックが必要。

計画が最終版になる前に、メイン金融機関とは話し合うべきものです。

例えば、短期繋ぎ資金を支援した金融機関がどうしても計画に合意しないとします。そうなりますと条件変更の手続きも行うことができず、期限の利益を失ったままになります。当然のことながら風評リスクにも晒され、法的破綻の道に進むかもしれません。

斯様な際には、全金融機関でその事態を解決する道を議論するしかないということになります。因みに準則型私的整理であっても、裁判所を介する法的再生ではありませんので、計画に対する合意を求める（条件変更手続きを求める）金融機関の判断次第となるのが一般的であることをここで記しておきます。

## Ⅴ FCF 対返済比率

基本：最も重要な事項。
　　　因みに FCF に対して 70% を返済に回す等の比率方式と、返済額を一定にする方法の 2 つがある。
　　　当然のことながら、企業と金融機関の間で十二分に話し合うべき。

この項目はメイン金融機関と話すべき事項というよりは、まずは計画を描く専門家がしっかりとロジックを立て、それをメインの金融機関と議論して同意を得た上で、全金融機関と話し、もし一部の金融機関が反対したら、メイン金融機関に強く応援してもらうという必要があります。兎に角、返済金額ですから最も金融機関が注目する項目です。

因みにこれが何を指しているかを説明しておきましょう。

FCF とはフリーキャッシャフローの略称で、前述のとおり事業計画に基づく PL 計画、そして計画を進めるに伴う BS の変化、以上の 2 点より CF 表が策定されます。最終的には CF 表が策定されて、そこで企業が事業により生み出すキャッシュが固まります。

その企業の生み出すキャッシュに対して、一定の比率で返済する方法と、キャッシュには関係なく返済額を一定とする考え方があります。会社にとっても金融機関にとっても、このどちらを採るのかによりメリットデメリットが生じます。

金融円滑化法当時のリスケ計画は比率で返済する方法が多かったのですが、現在は一定の返済額とする方法も増えてきています。このどちらの方法を採るのかを専門家は会社と十二分に話し合って、それを各金融機関に納得させることになります。

**【参考】**

| 返済額を CF に比例する方法 | 返済額は CF の変動に捉われない方法 |
|---|---|
| 例：CF の 70% を返済に充当する方法。計画 1 期の CF が 100 万円出たとすれば 70 万円を年間の返済額総額として、残高プロラタで各金融機関に返済額を案分する。計画 2 期の CF が 200 万円になった場合はその 70% の 140 万円を増額として返済に充当することになる。 | 例：CF に関係なく、3 年間の計画であるならば、毎年一定額を返済する方法。 |
| CF 次第になるので、会社にとっては儲けに応じた返済になり納得感あるが、一方 CF が得られなければいつまでたっても元金が減らないというデメリットがある。 | 定額の返済なので、CF が極大化した場合は借入の返済以外に資金を回せるが、一方、CF が減少した場合は会社の実力以上に返済することになり資金繰りを圧迫する。 |

（注）上記 CF は FCF であり、営業活動による CF と投資活動による CF の合算である。

## VI 偏頗弁済

基本：存在する場合は、対象金融機関に事前の是正申入れが必要。

偏頗弁済の内容は何度となく説明したのでお分かりだと思いますが、それを是正する、即ちある一定のペースで返済している金融機関に申し入れて納得させるのは、非常に骨の折れることです。ここで頼りとなるのはメイン金融機関であり、まずはメイン金融機関の納得が必要ということになります。

なお、金融機関ではない第三者への返済に関して、参考までに記しておきます。リスケ期間中に経営者からの借入に対して返済を行うことは、原則回避すべきです。金融機関からの借入返済が約定通りの返済となった後に経営者に対する返済を行うことが一般的です。また、経営者以外の親族や経営者の知人等からの借入があった際の返済に関しては、その資金使途や当該貸付人の生活環境等で個別に判断されることになります。

## VII 経営者資産内容

基本：資産内容を開示すべきか否かを擦り合せる。
因みにそもそものところで、経営者の資産内容や金額に関して金融機関の認識を確認しておく。

金融機関は経営者の資産背景に大変な興味を持っています。

それは良い企業だと経営者の資産を取り込む営業を掛けるため、そして業績が悪くなれば担保として取り込むためです。こういう風に考えますと金融機関とはやはり恐ろしい存在であり、経営者は往々にして融資を受けている金融機関には資産背景を明かさないケースが多いのが実態です。

但し、経営者は連帯保証を融資に付けており、金融機関としては業績が悪くなれば経営者が資産を勝手に処分したり隠匿することに対してとても注視します。

一方、そのような事はしないので計画に協力してくださいということが、リスケをお願いする前提となります。もう少し広義の捉え方で表現するならば、リスケ状態となった会社と金融機関こそがお互いに信頼しあう仲になることが必要なのです。そのためには経営者の資産内容に関して、お互いが異なる認識になることは回避すべきなのです。非常に重要なことなので、専門家士業にとっては、経営者を納得させることがまずは第一であるともいえます。

## Ⅷ　中小企業特性

基本：金融庁の指導により経営者の資産を当該企業の資産と同様の取り扱いとしてもよいことになっているが、そのルールの使用有無を確認する。

金融庁は「中小企業は経営者と企業が一体である」という指導を行うことにより、経営者の資産があればそれを企業の資産に加味することや、経営者が当該企業に貸し付けている金額を減算することを認めています。それを中小企業特性と称しています。

但し、このルールは金融機関によっては一般的ではないケースが多く、これを表示するか否かをメイン金融機関と擦り合わせる必要があります。

## Ⅸ　保証協会関連

基本：求償権が存在する場合は厄介（CLOを利用していた企業に多い）。延滞金利も含め、保証協会に事前確認しておくこと。

メイン金融機関が保証協会付融資を利用しているならば、その金融機関に利用明細を確認すべきですが、もしメイン金融機関で保証協会の利用がないのであれば、それを利用している金融機関に確認すべき事項です。

なお、保証協会に関しては苦手な士業の方が多いのが実態ですが、私的再生に関しては各地の保証協会との接点を避けては通れません。リスケしている中小企業は、信用保証協会による保証付き融資を利用しているケースが多いのです。またコロナ緊急融資の関係で各地保証協会以外の政府系金融機関として日本政策金融公庫、そして場合によっては商工組合中央金庫も利用していることでしょう。コロナ緊急融資により、その比率は圧倒的に増えているはずであり、政府系金融機関との付き合い方を改めて学び直すことが必要です（政府系金融機関はメイン金融機関として認識できる場合と、そうではない場合があります。メイン金融機関として会社を支える役割として、商工組合中央金庫はその候補になります）。

なお、信用保証協会は中小企業の委託に基づいて各金融機関に保証を行う機関です。場合によっては直接窓口になっているケースがあり、これが厄介です。民間金融機関から代位弁済を受けたことにより債権者となっているケースが多くあります。複数回の約定弁済遅延があると、通常取引窓口の金融機関は保証協会に代位弁済を求めます。そうなると保証協会は求償権をその会社に対して持つことになり、リスケ計画に対して合意頂く金融機関として、保証協会も対象になります。

一般的に代位弁済する前は保証協会を合意を得る対象債権者とするのか否かは地区により区々なのですが、求償権を所有する立場になると直接交渉することになりますので、この点を忘れないようにすることが肝要です。

# 3 計画ができ上がりすべての金融機関に合意を求める直前でのポイント

## I 金融機関の事業性評価

基本：経営者の考える事業の方向と、金融機関が感じている事業の方向性が全く相反しているケースがある。
一般的に金融機関は保守的な経営を望んでいるが、それが正しいとは限らない。

金融機関の機関決定に関して、支店のみの場合と本部にまで申請されるケースの２種類があることを説明しました。

この本部で機関決定される際、極まれに支店の窓口担当者とは全く異なる結論になることがあります。それが､時として経営者の考える事業の方向と、金融機関が感じている事業の方向性が全く相反しているというケースもありえます。

その論点の多くは事業性に関わることが多い様です。一般的には金融機関は保守的な経営を望んでおり、往々にして本部に上がるにつれその保守的な観点が強まります。そのため、経営者が抱く事業性に対して、本部が根底を否定することがあります。そもそもの観点で意見が割れることもあるのですが、厄介なのは支店もその本部の決定に従わざるを得ないことです。

こうなると事業性を更に精緻に分析して闘うしかありません。その際には口頭だけでの報告にならないように必ず何らかのペーパーを作成した上で根気よく事業の強みを文章で訴えることが重要です（**第８章**の「私的再生における金融機関との交渉術」をご参照ください)。

## II 金融スキーム

基本：実抜・合実に納まる財務内容なのか否かを確認の上、金融スキームを擦り合わせる。
なお、実抜・合実に納まらない場合でも暫定リスケで対応すればよく、悲観することはない。

これもメイン金融機関と十二分に話し合うべき事項です。ポイントをご説明しますが､その前に金融庁が定めた検査マニュアルにある用語の説明です。

| | |
|---|---|
| 実抜 | 実現性の高い抜本的な経営改善計画（実質債務超過解消期間が5年以内） |
| 合実 | 合理的かつ実現可能性の高い経営改善計画(同解消期間が10年以内) |

実は金融庁は2019年の12月18日に検査マニュアルを廃止していますので、この考え方は既に我が国にはないものということになります。

一方、検査マニュアルを廃止したとしても、実務的にはこの概念は金融機関に色濃く残っています。したがって、この実抜と合実に納まり、かつ今後の成長路線が描けるのならNew Moneyを出せる計画にもなりえます。

一方、これに納まらないとすれば、再生業界では暫定リスケ計画と呼ばれる類のものを策定することになります。その場合はNew Moneyを調達することは恐らく無理なことでしょうが、決して悲観することや金融機関に対して卑下する必要はありません。

実務的なケースとしては納まらないものが非常に多く、実抜・合実に拘り過ぎた計画は金融機関がイメージする再生計画と齟齬が生じますので（実現不可能な計画になる等)、むしろ暫定計画の方が足元を重視した計画ともいえます。

因みに当該企業や専門家の思いとは反対に、金融機関が強く実抜・合実に納まる計画を迫ってくる場合もありえます。その背景には、実抜・合実に納まれば金融機関にとっても必要以上の引当金を積む必要がなくなる場合があるからという理由があります。これからの金融機関の経営環境を勘案しますと、斯様な要請はこれから増えるかもしれません。

ここで注意すべきは金融機関の要請が強くとも、やはり企業の身の丈にあった計画とすることが肝要ということです。無理をしても、これからご説明するモニタリングで崩れるだけです。

## Ⅲ　経営者責任・株主責任

基本：リスケを前提としたケースでは責任を取ることは殆どないが、債権カットや第二会社方式等のスキームに至る場合は必ず触れる必要がある。

これはリスケでは留まらず、更に重い処置を伴う計画になった場合、必ず金融機関と話し合わねばならないことです。

経営者責任とは一般的には経営者交替や私財の提供を指しますが、重い計画となった場合は株主責任も問われます。但し、株主はやはり出資を限度とした責任となりますが、債権カットや第二会社方式等のスキームを採る重い計画では責任の取り方を明記することが必要です。

## Ⅳ　期限の利益の取り方

基本：計画策定後の金融機関の条件変更手続き、特に期間をチェックしておく。
但し、この期間の判断は金融機関毎の判断であり、全金融機関を同調させることは難しい（金融機関の担当者は最も気にする）。

この項目はメイン金融機関と打ち合わせたところで、他の金融機関もそれに合わせることはほぼ無理です。

実質債務超過解消までの再生計画が5年であろうが10年であろうが、金融機関の条件変更手続き期間がそこまで得られることはまずありえません。大多数の場合は半年か1年毎に条件変更することになりますが、この期間の判断は各金融機関に委ねることになります。

なお、その手続きの時期を計画策定後のモニタリングのタイミングに合わせることが、金融機関にとってもありがたいものになるはずです。モニタリングの時期に合わせることにより、条件変更の契約に際して判断材料が増えるからです。

## V 同意書の取扱い

基本：バンクミーティングを開催するのか、持ち回り説明とするのか。
条件を変更しない金融機関は確認書で良いのかの事前チェック。

同意書とは策定した経営改善計画に対する金融機関からの回答書を指します。合意書とも呼ばれることがあります。

例えば405と呼ばれる認定支援機関による経営改善支援計画では、国からの補助金が得られますので、この同意書が必要になります。なお、金融機関から計画に対して同意をお願いする際、同意書を求めねばならないのか、認定支援機関による確認書（同制度では金融支援に係る確認書）で良いのか等々のルールが細かく規定されているため、まずはそれを確認したうえで、バンクミーティングを開催する必要があるのかも含めてメインの金融機関に諮ることになります。

なお、このような補助金を得られる制度を使わない場合は、金融機関が個々の条件変更契約を手続きすることで合意したと見做すケースが多いのも事実であり、必ずしもこのような書式ですべてのケースを対応する必要はありません。

## Ⅵ　モニタリング

基本：期間は３か月毎か、半年毎か、１年毎（決算時）の何れかを定めることとなる。
また、モニタリングすべき項目を事前にしっかりと擦り合わせておくことが重要である。

405 と呼ばれる認定支援機関による経営改善支援計画では、３年程度のモニタリング期間が必須とされています。また準則型私的整理の代表である中小企業再生支援協議会の私的再生も３年程度のモニタリングが謳われています。

計画はその時点の方向性なので、その後の推移をフォローすることこそ重要との考え方です。

このモニタリングの方法に関して、メイン金融機関とやり方やその期間を事前に定めることが肝要です。通常は３か月毎に試算表とか資金繰り実績を各金融機関に提示し（郵送・FAX・E メール等々）、決算発表の際には全金融機関に集め、会社が状況を説明するという形式になります。この形式を擦り合わせておくことが重要なのです。

# 4 その他として留意すべきポイント

## I リース

基本：リースの利用残が大きい企業の場合は、どのような扱いとすべきかをメイン金融機関と事前に相談すべき。
（リース会計対応企業は、リース返済額が減価償却の中に入っている）

リース会計を採っている企業はリース返済額が減価償却の中に入っていますので、計画策定の際に注意が必要です。具体的にはリースの支払料が経費としてのみ計上されているのか、減価償却にも含まれているのかということです。リース会社の営業マンのアドバイスや、顧問の税理士によって計上方法が区々になっていますので、それがCFに影響を与えているのか否かを確認すべきです。

ところで返済猶予は金融機関を対象としていますが、リース会社は一般的には対象としていません。金融円滑化法出口の際には経産省から各リース会社に返済猶予に柔軟に対応するよう指導が出されましたが、コロナ禍の下ではそのような指導が出たとは聞きません。即ち、リース会社をリスケ計画の合意対象とすることは原則として相応しくないということになります。

但し、ここで気を付けて欲しいのは、金融機関の系列リース会社を使っている場合です。リース会社はメイン金融機関の系列であることが多いので配慮すべきです。

例えば、製造業や印刷業だとリースの利用残が大きくなります。そのリース会社がメイン金融機関の系列であるならば、リース会社にも引き続き円滑な支援（例えばリース料の減額等）をメイン金融機関にも依頼してよいのではないでしょうか。但し、それはリスケ計画の範疇外となり、あくまでもリース会社は計画に対して合意を求める相手にはならないということをご認識ください。

## Ⅱ　金融機関内部の偏頗弁済

基本：プロパー貸から先に回収し、保証協会付貸出の返済を後に回すようなケースは不味い。

リスケに伴う返済計画は、通常は金融機関毎の返済額しか示していません。

あり得ないとは思いますが、それを逆手に取りプロパー融資から先に回収し、保証協会付貸出の返済を後に回すようなケースがあれば、それは将来保証協会を利用する際に大変なマイナスに繋がります。

そこは会社や専門家もケアすべき事項です。なお、プロパー融資も保証協会付融資も、その返済ピッチはプロラタ返済を原則とします。

## Ⅲ　社長等の役員報酬

基本：世間相場より高い場合は金融機関から指摘されること必至。
またバンクミーティングでも揉める。
債務者と債権者の双方が納得行くものとする。

これは、計画策定前から計画に合意を得るまで、終始ケアすべき事項です。

すべての金融機関と話す必要はありませんが、メイン金融機関とは調整を続けるべきものです。当然のことながら世間相場より高い場合は、金融機関から指摘されること必至です。更に厄介なのはメインバンクが納得してもバンクミーティング等で中下位の金融機関から問題提議があり得ることです。

なお、計画策定の中心的な担い手は専門家になるはずですが、この問題については経営者を前面に出して金融機関と調整することもお奨めします。議論の間で巻き込まれないようにしましょう。しかし、経営者や金融機関に毅然とした態度で主張すべき局面があれば、その場から逃げないように振舞うことも必要です。

## Ⅳ　社長の腹落ち度

基本：社長が腹落ちしてない計画では、金融機関から同意が得られない。
またモニタリング期間中に計画対比未達になることは必至である。
社長に理解して頂くことが何より重要である。

この項目を最後の最も大きな課題とします。

メインバンクが問題としていることを計画の中に積極的に取り込んだとしても、それを社長が腹落ちしてないとすれば、その計画は画餅となります。

例えば、金融機関が抱く問題点の在り処を明確にして、それを分かり易く社長に説明することは支援する専門家の責務でもあります。

経営者が大変なのは事実ですが、意外と気楽に考えている方が多いのも事実です。長く金融円滑化法の妙味を享受してきたので、金融機関の厳しさや怖さを理解していない方が増えてしまっています。しかし、コロナ禍で受けた融資が徳政令の如く免除されることはあり得ません。適切なリスクを説明することが支援専門家には求められています。

なお、その際には、経営者の不安を煽ることや金融機関との信頼感を壊すような説明は回避すべきです。

# 第5章

# リスケ計画に関して コロナ禍により変わったこと

この章ではリスケ計画とコロナ禍との関係を説明します。計画策定時にはコロナ禍の影響を冷静に分析し、

そしてWith・Afterコロナに耐え得る計画を描かねばなりません。

content

# 1　窮境要因の見直し

コロナ禍におけるリスケ計画の策定時にはその影響を冷静に分析し、今後、耐え得る計画を描かねばなりません。

なお、本書では事業が窮地に陥った要因のことを「窮境要因」と表現します。あまり馴染みのない言葉かもしれませんが、企業再生の分野ではよく使われますので、本書でもこの言葉を使用します。

## Ⅰ　コロナ禍の影響の分析

まず、必要なことは、コロナ禍により変わったことと変わらないものを明確にしておくことです。そのためにはコロナ禍の影響を冷静に分析する必要があります。特に経営における外部環境の変化です。

分析には、やはりSWOT分析を行いましょう。事業性を計るための物差しは、いつの時代もSWOT分析であると筆者は考えています。

経営の分析には定量分析と定性分析があります。定量分析はBSやPLの財務指標ですが、数字では表現できないことは定性分析で行います。その手法の1つが「SWOT分析」です。

## Ⅱ　SWOT分析

「SWOT分析」とは経営分析に興味がある方は何度も聞いたことがある用語かと思います。数々の専門書やネットでも紹介されています。

その中で最も端的に説明しているものとして、東京商工会議所の中小企業相談センターが発行する「未来へつなぐ経営のすすめ」に記載されている内容を掲載します。

定性分析の一例として、「SWOT 分析」をご紹介します。

「SWOT 分析」は自社を取り巻く内部環境と外部環境を①S（強み・Strengths）②W（弱み・Weaknesses）③O（機会・Opportunities）④T（脅威・Threats）の4つの要素として把握・整理し分析する手法です。

自社の競争力の源泉や経営課題を見極め、事業の方向性の検討に活用することができます。

なお、内部環境は自社の努力で変化させる可能性を有する要素です。これに対して外部環境は政治動向や景気、規制、業界構造の変化等といったものですので、一般的には中小企業自らが変化させることは困難な要素といえます。

| | プラス | マイナス |
|---|---|---|
| 内部環境 | S（強み：Strengths） | W（弱み：Weaknesses） |
| 外部環境 | O（機会：Opportunities） | T（脅威：Threats） |

立場上、筆者は数々の窮境要因の分析を見てきて、当然のことながら「SWOT 分析」も見てきました。読者の皆様にとって違和感を感じるコメントであるかもしれませんが、この分析結果を信じ切るのは良くないということも併せて付け足しておきます。

内部環境の強み・弱みは特にです。企業は生き物であり、人間と同じです。欠点だと思っていた所が男女の仲では魅力に映ったり、長所だと考えていた所が企業変革を起こすための第一の障害であったりと、まさに様々なケースがあります。

分析結果の強みにしがみついてきて、改革を忘れた組織は衰退します。弱みだと思っても、伸ばせる糊代が潤沢に残っている事業分野かもしれません。

## Ⅲ　SWOT 分析の活用法

但し、筆者の主張としては、この SWOT 分析は世の流れの節目節目で分析するのに打って付けだと考えます。何より経営者自らが行うことにより、頭の整理ができます。

もう1点重要なこととして、この分析を数々手掛けてきた立場からいうと問題意識の高い経営者ほど内部環境の S（強み・Strengths）と W（弱み・Weaknesses）を把握しており、適切に聞けば、止めどなく出てきます。士業の皆様にとってはそれを引き出すための話法が重要になってきますので留意してください。

（注）この SWOT 分析が企業の事業計画における戦略構築に使えるのか、それとも戦術に限定するのかとの議論が多く聞かれますが、本書ではこの点を敢えて触れません。

ところで、筆者としては、大きな組織で SWOT 分析を活用することはお奨めはしません。例えば、小売店であるならば各店舗で分析する方が相応しいと感じます。経営環境は変わるものであり（コロナ禍がその例です）、かつ、その事業分野や小売店や飲食店ならその店長によっても経営は変わってきます。

したがって、この SWOT 分析を定点観測としてある一定の期間を空けた上で行い、その流れを掴むことをお奨めします。

答えがないのが経営であり、だからこそ計画の見直しも必要になるからです。それには SWOT 分析の定点観測が有効です。

# 2 窮境要因の確定

## Ⅰ 経営が厳しくなった原因はコロナ禍だけが理由か

今回のコロナ禍は、「SWOT 分析」における外部環境の T（脅威・Threats）になります。

コロナ禍の影響は大きいのですが、今回、筆者が最も強調したいのは「経営が厳しくなった原因は、本当にそれだけなのか」ということの分析が必要ということです。

例えばアパレル業界ですと、2020 年４～６月はコロナ禍に伴う緊急事態宣言で多くのデパートやショッピングセンターが店を閉じていましたので、その影響は甚大でした。それは明らかな外部環境要因ですが、それだけで済ませていいのでしょうか。下記のように外部環境だけでもいくつも思い当たる脅威が出てきます。

・暖冬が続いているので、冬物の重衣料の販売が落ちている。
・BtoC であればネット販売の影響は受けていないか。

## Ⅱ 更に重要なのは内部環境の W（弱み・Weaknesses）

「SWOT 分析」と共に時代が変わってもコアとなるマーケティング用語として「4P 分析」という手法があります。この手法は 1960 年に提唱され、マーケティングの神様とも呼ばれたフィリップ・コトラーも多用した基本中の基本用語です。

4P とは、Product（製品・商品）、Price（価格）、Promotion（販売促進等）、Place（流通や立地等）の４つの頭文字を取ったものであり、この４つで分析すれば効率的な分析が可能であるという手法です。

上記に続き、アパレル業界をこの 4P で分析すると、ネット販売という新しい分野をPlace（流通や立地等）と捉え、そこでの販売努力をPromotion（販売促進等）の範疇として考えることが可能です。

したがって、内部環境のW（弱み・Weaknesses）を4Pで分析するとなると、下記等の観点で見直すことになります。

・Product（製品・商品）として顧客に満足のいくブランド開発ができていたのか。
・Price（価格）は妥当であったのか。

この過程を経て、例えば売れる商品の仕入れが失敗していたのかもしれないと気付くこともありえます。それを是正するには購買担当者と仕入れ政策を議論する必要があります。

資金繰り安定化を図ると共に、本来の業務の見直しも必要になるのです。内部環境のW（弱み・Weaknesses）の重要性がお分かりになったでしょうか。

# 3 窮境要因の除去可能性（計画実現性）

内部環境のW（弱み・Weaknesses）の見直しと確定がなされたら、最後はその窮境要因を除去できるか否か（課題が解決できるのか否か）を見極める必要があります。

なお、窮境要因を除去した上で、経営状態が正常に戻る策を提示することも含めてそのポイントを記します。

## Ⅰ 除去可能性を断定するタイミングに注意する

参考資料5 経営改善計画　策定負荷目途一覧表 にて、企業規模等における計画中身の濃淡（どこまで作業に負荷を掛けるか）を示しています。その表を見ながら認識していただきたいポイントになります。

企業規模が相応に大きく、財務や事業のDDを実施するのなら、その時点では窮境要因の除去可能性を断定形としないことをお奨めします。一方、最終計画の段階なら除去可能性とその策を明確に記す必要があります。

非常に重要なことなので、窮境要因の除去に関しては慎重に断定することが必要です。

## Ⅱ 金融機関が受け入れてもらえるものなのか否か

リスケ計画は金融機関を相手に提示するものです。

したがって、その金融機関が受け入れることができないものは計画に記載すべきではありません。何度も記しますが、この点は金融機関のいいなりになるのではなく、金融機関が納得する計画にするということです。金融機関の言い分は時として彼らの債権保全に繋がるものとなり、会社にとっては不利にものにならざるを得ません。それでは会社の将来を描くことに制約が発生します。

会社が将来に亘って存続することを前提として計画を策定するならば、それは金融機関の返済にも繋がることになります。その信念を強く抱いて、金融機関と交渉することが重要です。

## Ⅲ 条件付きで窮境要因が除去できることも検討する

計画の遂行に関しては、経営者のたゆまない努力が最も必要です。

但し、条件付きで窮境要因を除去できるか否かを検討する必要もありえます。例えば、小売業で赤字店舗があるとして、その店舗の撤退が必要と判断された場合です。

撤退の多くのケースでは費用が掛かります。店舗の原状復帰費用を始めとして、場合によってはそこで働く従業員の退職金準備が必要となるかもしれません。その際に資金の準備ができなければ、赤字店舗を閉鎖することができなくなります。

その場合には「赤字を止めること」こそが第一の目的となり、店舗閉鎖を避けて通れないときには、それが完了するまでは金融機関への返済を止め続けるということも検討すべきです。

## Ⅳ 計画の実現性をどこまで極めるのかが悩ましい

計画とは将来のことであり､それを完璧に断定することは誰も不可能です。

例えば、店舗撤退と同様なケースとして、２つの工場があり、これを統合しないと大幅なコスト削減が不可能だった場合はどうでしょうか。

店舗は比較的簡単ですが、工場の統廃合となるとその費用と時間軸を見極めることはすぐにはできません。概して撤退等の後ろ向きな作業は、新しい分野を開拓することより難しいものなのです。

ところが「工場統合して赤字を解消する」というコンセプトには、どの金融機関も賛同します。しかし、そのステップ、即ち具体性には留意してください。

## Ⅴ 計画におけるモニタリングの役割

当該計画の具体性やその実現度合いが不明朗な際、良い手があります。

モニタリング（金融機関あて計画進捗の報告）に何をすべきかを明確に記載するのです。

モニタリング報告は会社にとってもそこを支える士業の方にとっても重いものになります。見方によっては、計画そのものよりモニタリングの方が重要とも考えられるものです。

なお、環境の変化等により予想もしないことが起こった際には、計画そのものを変更することが必要かもしれません。そのような計画修正も、このモニタリングの中で対応をしていくことが可能です。

なお、モニタリングの極意は、以下の３点になります。

・必ず実施（報告）すること。
・状況に応じて柔軟に対応すること。
・金融機関には公平に報告すること。

因みにどのような簡略型の計画であっても、このモニタリングに関しては若干なりとも必ず触れておくことをお奨めします。

## Ⅵ　場合により法的対応も視野に入れる

コロナ禍の影響は甚大であり、どうしても黒字化することが不可能な際には、後程ご説明する法的対応も視野に入れることが必要です。BS が資産超過なら廃業の判断となりますが、債務超過の場合は殆どのケースで破産手続きになってしまいます。

ここでのポイントはそれを判断する時期です。そのタイミングを見誤ると出血が続くだけとなります。

勇気をもって決断することも必要です。

# 4 窮境要因見直しの際の借入条件

会社が窮境に陥ったとして、その要因がコロナ禍によるものか、それともそれ以外の要因であったのかを見極めることが非常に重要です。その観点に加えて、チェックして欲しいことの1つとして借入条件の期間があります。

## I 借入条件の期間が共通の問題点

コロナ禍より前から経営に問題があった企業が多くあります。

それらの問題の所在を各業界によって、そして個社毎に極める手法として「SWOT 分析」を紹介しました。

事業面は個別に判断しなければなりませんが融資を行う立場としての金融機関、融資を受ける立場の会社ならどの業界でも個社でも、実は共通の問題があります。

それが借入の期間です。

コロナ禍により炙り出されるようで、実は曖昧になりつつありますので説明しておきます。

コロナ禍に伴う政府系からの緊急融資は1年やそれ以上の据置期間をセットするパターンが多いのですが、コロナ禍より前に受けた市中金融機関から受けた借入は返済を続行している会社が多いのが事実です。

これは折り返し融資を会社が期待しているからに他ならないと思われます。そして、折り返し融資を前提として、コロナ禍より前に受けた借入の返済を続行している場合はリスケ計画の策定は不要です。

一方、金融機関はコロナ禍が長引くことにより、折り返し融資の支援は難しいと考え始めています。

- 会社の債務者区分が下がることにより、通常の折り返し支援が難しくなる。
- コロナ禍の長期化により政府系金融機関から調達した融資代わり

金を預金口座にプールしていたが、その預金が枯渇し始めてきた。

上記のような状況下で金融機関は折り返し融資を支援するのでしょうか。

現在は、コロナ禍前よりは数段、支援決定のハードルが高まっているはずです。したがって、債務者区分の劣化等により折り返し資金が得られないのであれば、会社はさっさと返済を止めるのか、ないしは返済額を減額する等リスケへの協力を金融機関に申し出るべきです。

苦渋の決断になりますが、経営者はそれを決断すべきなのです。

## II　一歩突っ込んだ留意点

遥か以前より、実は会社のCFより金融機関への返済が大きいという局面の企業がかなり多くありました。

そのようなケースの企業は債務者区分の引き下げという事態になると折り返し融資が得られなくなりますので、途端に資金繰りが厳しくなります。

例えば、ある企業の利益から得られる妥当な年間返済額は100万円だとします。そこで1千万円の融資を受けると10年で返済可能ということになります。単純な話です。しかし、市中金融機関は通常で3年、長くても5年程度で融資しようとします。そうなると5年後に折り返し融資を得られないのであれば、資金繰り上は破綻することが一目瞭然です。

要は身の丈に合う返済額ではなかったのです。

何故、金融機関はそのような身の丈に合わない返済条件を押し付けるのでしょうか。

それはその当該企業に対して、10年の期限の利益を与えることが難しいとの判断です。10年先を見通すことは大企業でも難しいことです。

金融機関は個社の経営者の手腕のみならず、外部の経営環境の変化も加味して融資の続行を判断しようとします。したがって、金融機関の立場においてコロナ禍での折り返し融資を拒否するという行動は理に適っているのです。

堪らないのは会社の方で、傘が欲しい時に傘を取り上げる金融機関と映ります。

この両者の矛盾が、このコロナ禍により明確になったのです。

## Ⅲ 折り返し融資を前提としたものなのか、否か

窮境要因を見極める際、会社の借入が折り返し融資を前提としたものなのか、そうではないのかを会社も支援する専門家も検討してください。

そして、コロナ禍の影響がなくても、折り返し融資が前提の企業であると判断されたなら、影響が納まった後に折り返し融資が得られるのか否かを確認してください。

この際の金融機関の支援決定の障害となる、最も懸念すべきものは緊急融資です。明らかに債務が増えているはずです。

因みに金融機関は、折り返し融資が可能なのか否かは残念ながら言明しません。将来のことは分からないからです。

健全な企業は持続的成長の経営が前提なので、一刻も早くその状態を構築する必要があります。

以下に重要なポイントを挙げます。

① 安定的な経営に戻るまではCFに見合った返済にすべき

リスケ計画の期間中は、身の丈に合った返済にすべきです。

② 再度の経営計画でもCFに見合った返済を主張すべき

計画を策定し、例えば見事3年後に計画通りの利益を確保できたとします。その際に金融機関が会社を正常先として認めてくれるのなら、その後に続く再度の経営計画においても、やはりCFに見合った返済を主張すべきです。

そのためにはコロナ禍に陥る前の正常なCFを調べた上で、そもそもとして返済がその範囲内であった財務内容なのか否かということを検証しておくべきです。

例えば、コロナ禍の影響を受ける前よりCFは赤字なのに、それでも返済を行っていたとしたら、それは正しい金融機関交渉ができていなかったと反省すべきです。もっとも利益を無視してでも売上を確保しなければならない等、急成長中の会社が採る戦略によってはCFが赤字でも返済を行っているケースもありますので、会社の経営戦略と金融機関との融資交渉は表裏一体で行うことが重要になります。

過去、そこをしくじったのだとすれば、財務戦略の重要性を経営者は認識すべきです。

そして、借入の期間にも目を向ける経営とすることが重要です。コロナ禍による洗礼を浴びた企業の経営改善計画に関しては、以上を加味することが肝要になります。

# 5 リスケ計画のニューノーマル

今後、企業はある程度のニューノーマルを求めねばなりません。因みにこのニューノーマルの定義は、現実的にはウェブ対応等を中心に語られていますが、明確には定まっていないようです。広義的な解釈ですと、ある意味では「変革」というカテゴリーかもしれません。

本項では金融機関を相手にした「リスケ計画のニューノーマル」を記します。

## I バーゼル規制

**第9章**「今後の金融機関について」では、我が国の金融機関としての特徴を中心に記しています。それはそれで重要なことですが、コロナ禍の影響は我が国より、欧米の方が大きそうです。

全世界的な金融機関への影響を一言で語るなら、どうなるのでしょうか。

それは「バーゼル」です。

金融機関の関係者なら聞いたことのある言葉かと思います。このバーゼルとは、スイスに北西部にある街の名前です。フランスとドイツの国境に位置し、街の中心にはライン川が流れており、ヨーロッパを代表する綺麗な街並みと文化を持つ観光都市のことです。

この街で銀行監督委員会が開催され、国際的に活動する銀行の自己資本比率等に関する国際統一基準を発表しました。

それがこの街の名前を冠した「バーゼル規制」です（「BIS 規制」といった方がピンと来る方が多いかもしれません）。

この規制は、その後の金融自由化に伴い、銀行内部のリスク管理手法の指針となり、バーゼルⅠからバーゼルⅡと諸々の規定が制定されました。

筆者はこのバーゼル規制が最も基準になると考えており、その考え方はコロナ禍があっても変わらないと踏んでいます。即ち、リスケ計画の考え方や計画に対して対象債権者たる金融機関から合意を得るという目的自体も、このバーゼル規制がある限り、根底は変わらないはずです。

では、このバーゼル規制はどのようなもので何が大変さについて以下に、日銀の「教えて！にちぎん」というウェブサイトに記載されている内容を引用します。

Q：バーゼル合意、バーゼルI、II、IIIとは何ですか？　いわゆるBIS規制とは何ですか？

A：バーゼル合意とは、バーゼル銀行監督委員会（注1）が公表している国際的に活動する銀行の自己資本比率（注2）や流動性比率等に関する国際統一基準のことです。日本を含む多くの国における銀行規制として採用されています。

バーゼル合意は、1988年（昭和63年）に最初に策定され（バーゼルI）、2004年（平成16年）に改定されました（バーゼルII）。その後、2007年（平成19年）夏以降の世界的な金融危機を契機として、再度見直しに向けた検討が進められ、2017年（平成29年）に新しい規制の枠組み（バーゼルIII）について最終的な合意が成立しました。

なお、バーゼル銀行監督委員会の常設事務局が国際決済銀行（Bank for International Settlements。略して「BIS」と言われます）にあることから、バーゼル合意は「BIS規制」と呼ばれることもありますが、BISとバーゼル銀行監督委員会は別組織のため、「バーゼル規制」がより正しい呼称と言えます。

（注1）バーゼル銀行監督委員会は、銀行を対象とした国際金融規制を議論する場として、G10諸国の中央銀行総裁会議により設立された銀行監督当局の委員会（第1回会合は1975年に開催）です。現在は、中央銀行総裁・銀行監督当局長官グループを上位機関とし、日本を含む28の国・地域の銀行監督当局及び中央銀行により構成されています。

（注2）自己資本比率は、自己資本を分子、保有資産等のリスクの大きさを示す数値を分母として算出される比率のことで、銀行等の経営の健全性を示す重要な指標の1つです。

中々難しそうなことですね。

これは、要は金融機関の自己資本比率の問題です。海外で展開する金融機関は現状8%の自己資本率確保を要請されています。

この基準クリアーが我が国の金融機関にとっては最大の目的になります。因みに、幸いなことに日本の大手金融機関はその数値を確保しています。しかし、2023年1月にはバーゼルⅢの基準をクリアーしなければ、その金融機関は海外での業務に支障が出るということになります。

（注）このバーゼルⅠ及びⅡに続くバーゼルⅢの完全実施はコロナ禍の影響により延期されました。2020年3月30日、日銀は「バーゼル銀行監督委員会の上位機関である中央銀行総裁・銀行監督当局長官グループが、コロナ禍対応として銀行や監督当局の実務上の対応力を高めるためにバーゼルⅢの実施を延期した」と発表したのですが延期は単に1年ということでした。その結果、本格適用は2023年1月になる見込みです。

この本格適用が我が国の金融業界にとっては大変な労力を要することであり、実質的には2021年と2022年の2年間しかないという状況です。

## Ⅱ　バーセル規制を配慮したリスケ計画

金融機関は、金融機関の自己資本を毀損するようなこと、例えば引当金の積み増しや利益率の低い融資拡大はまず回避するはずです。この点は金融庁のマニュアルが廃止されたからといって、何ら我が国の金融機関は変わらない筈です。

海外に展開しておらず国内のみに支店を展開する金融機関といえども、バーセルの規制を無視することはできません。若干は緩く対応するはずですが、基本は変わりませんので、個々の中小企業が描くリスケ計画もこの点に配慮しなければならないのです。

つまり、そこを前提とした計画を策定しなければ金融機関の合意は得られないということになります。逆にいいますと、この軸を外さなければリスケ計画の合意は大丈夫ということにもなるのです。

## コラム　「ニューノーマル」も実は金融用語

「ニューノーマル」という言葉がコロナ禍と共に拡がっていますが、この用語も実は金融に関わるものでした。2008年から2012年にかけたリーマンショックによる景気後退の際に使われました。

ノーマル（Normal）は標準とか正常という意味ですから、新しい標準ということになります。身近な例ではコロナ禍によりテレワークが常態化し、この働き方を指すと前述しました。

このように生活環境が大きく変わろうとしており、テレワークの拡大や3密回避により自宅をターゲットとした消費が増加し、ウェブ対応や飲食の出前サービスを避けては通れなくなりました。

このような動きは、「SWOT分析」を駆使した外部環境を判断や前例踏襲型の改善策とは別に、もしかしたら画期的な営業手法を採らねばPLの黒字化は果たせないという時期にさしかかったといえるのかもしれません。

# 6 事業承継への影響

事業承継において「磨き上げ」という言葉を聞かれたことはありますでしょうか。

筆者は新潟に単身赴任して勤務していた経験がありまして、この言葉を聞くたびに、新潟県の燕三条を思い出します。燕三条は金属加工技術では世界トップクラスの地域です。特に磨きの技術で世界を席巻しており、ピカピカに磨き上げられたステンレスが印象的でした。したがって、この「磨き上げ」という言葉に殊の外、思いが強いのですが、事業承継ではどのような意味合いなのでしょうか。

## 1 事業承継における磨き上げ

事業承継では親族のみならず、最近は社員や社外の方に譲り渡すケースが増えています。

しかし、承継する会社がリスケ対応や、場合によっては債務超過であれば円滑な承継は難しくなります。更に金融機関から多額の借入がある場合には、譲り受ける方が連帯保証を金融機関に差し入れることになりますので、これでは円滑な承継がなされません。

そこで磨き上げが必要になります。

磨き上げとは事業承継前の準備プロセスのことを指し、それにより円滑な承継や売却を進めることになりますが、コロナ禍により窮境状態に陥った企業の磨き上げは更に難易度が増します。

最も留意すべきは後継者が現れなかった場合で、そうなると会社は廃業か破産を選択するしかありません。そして、廃業にしろ破産にしろ、負の資産を整理することができなくなります。

以下、今後増えるであろうケースを想定してみました。

前提　A社は優秀な金属加工メーカーで中小企業ではあるものの社員

の加工技術は優秀で、職人技でした。しかし、A社の唯一の工場には、土壌汚染の懸念がありました。また、その工場はリーマンショックの際に拡大をし、多額の債務が残ったままでした。
　高齢な経営者は後継者を探すために走り回り、会社の売却を考えましたが、多額の債務があるがため、後継者は現れませんでした。
　そうこうする内に高齢経営者は亡くなり、会社は誰も継ぎ手はなく、そして経営者の家族は多額の連帯保証があるために相続放棄をしました。

Q　A社は優秀な加工技術を持ってはいますが、土壌汚染浄化費用は誰が負担するのでしょうか。工場に根抵当権を設定していた金融機関が工場を取得して負担するのでしょうか。

A　結論からいうと（ケースバイケースのようですが）、土壌汚染がある土地を抵当権者が所有することはまずありえません。

この様なケースで会社が破産すると一旦は破産管財人が資産処分を検討しますが、処分できないと国に託す場合があります。但し国も受け取らないケースが出てきており、社会的な問題となっています。

## II　事業承継が必要な企業のリスケ計画は早急な業績改善を

筆者の磨き上げのイメージはピカピカになるものでした。即ち、売り手側企業にとっては自社の魅力を上げ、より良い条件での売却を目指すことです。しかし、窮境状態に陥った場合は違います。そんな悠長なことをいっている場合ではなく、真剣に対応しなければ上記のケースの如く周りの人に迷惑をかけることになります。
経営者の年齢は確実に上がっていることを勘案すれば、事業承継が必要な企業のリスケ計画は、その必要のない企業以上に速度を上げて業績を改善しなければならないということです。

# 第6章

# 企業再生における法的再生と私的再生の違い

この章からはリスケ計画やそのコロナ禍との関係の前提となることとして、私的整理の基本を説明します。

content

企業再生には法的再生と私的再生があります。

なお、正式なワーディングは法的整理と私的整理です。

（注）筆者は法的の場合は整理という言葉が相応しいと感じるものの、私的の場合は整理より再生が妥当と考えています。

本章では法的整理・私的整理として、説明を続けます。

## Ⅰ 法的整理

法的整理とはこの名のとおりで法的手続きにしたがって裁判所の管轄下で倒産処理を図る手続きです。手続きには破産・特別清算といった清算型手続きと、民事再生・会社更生といった再建型手続きとがあります。

## Ⅱ 私的整理

私的整理に関しては、筆者が最も的確と考える桜通り法律事務所のホームページに掲載されている説明をこの章の中心とします。

> 私的整理とは、倒産の危機に瀕した事業者について、破産法・民事再生法といった法的倒産処理手続き（法的整理）によらずに、債権者と債務者との協議によって、債権債務関係を処理する手続きのことを言います。一般的には、対象とする債権者は、金融機関のみとして、一般商取引債権者やリース債権者は取り込みません。私的整理には事業再生型と廃業支援型の２つがあります。

私的整理の特徴は仕入れ先等の一般債権者に迷惑を掛けずに企業を再生することです。

リスケは金融機関にのみ返済を遅らせて一般債権者には支払いを履行することになりますので、私的整理の１つになります。

当然のことながら給与の遅配もなく、社員や取引先へ迷惑をかけることのない私的整理の方が有利となります。

# 1 私的整理と民事再生との比較

| | 私的整理 | 民事再生 |
|---|---|---|
| 対象債権者 | 原則として金融機関のみを対象 | すべての債権者を対象（一部例外あり） |
| 秘密性 | 金融機関以外に知られる可能性は低い | 債権者だけでなく得意先にも知れ渡る可能性が高い |
| 事業への影響 | 公に知られる可能性が低いため、事業への影響は生じにくい（事業価値への毀損が生じにくい） | 信用不安、風評によって顧客離れ、取引条件の見直し等求められる場合がある（事業価値が毀損されるリスクがある） |
| 手続きの透明性・公正性・公平性 | 不十分な面がある（但し、準則型私的整理の場合には、透明性等の確保も十分に可能） | 裁判所（監督委員）の監督下で進むため、手続きの透明性等は保たれやすい |
| 計画成立要件 | 全金融機関の同意が必要 | 多数決（債権者の頭数の過半数と、議決権総額の2分の1以上の賛成を得ること）で成立可能 |
| 権利変更の内容 | リスケジュール(全額返済)から債権カットまで柔軟な設計が可能 | 債権カット＋カット後残高について最長10年間の分割払い |
| 債権者の回収額 | 清算価値を上回ることが要件とされるが、民事再生を超える回収が期待できることが多い（事業価値の毀損が生じにくいため） | 清算価値（破産した場合の回収見込み額）を上回ることが要件とされているが、多額の回収は困難な事案が多い |
| 成立までの必要期間 | 3か月程度から事案によっては数年程度要することも | おおむね6か月程度（東京地裁の標準スケジュールの場合） |

（桜通り法律事務所ホームページより）

# 2 私的整理のメリット

1の比較表に沿って、民事再生と比較した際の私的整理のメリットを、私的整理に強い桜通り法律事務所の説明を基に解説します。

## I 事業価値の毀損を回避することが可能であること

私的整理も民事再生も、事業者（債務者）の事業の再生のために、債権者に対して、支払いの猶予、返済条件の変更、場合によっては、債権カットを含めて、権利変更を要請する点では同じです。

しかし、下記の違いがあります。

| | |
|---|---|
| 民事再生 | すべての債権者を対象債権者として手続きに取り込む<br>⇒対象事業者が倒産の危機にあることが広く知れ渡る |
| 私的整理 | 原則として金融機関のみを手続きに取り込む<br>⇒金融機関には守秘義務があるので、外部に情報が洩れる心配が低い |

私的整理をしていることを理由として取引先から取引拒絶、支払サイトの短縮、保証金の要求といった不利な要求を迫られることはなく、従業員の離散、顧客離れ等の事業活動に支障が生じる可能性も低いといわれており、事業価値の毀損が生じにくいことが私的整理の最大の特徴といえます。

## II 社会に対する負の影響を抑えることが可能であること

私的整理では金融機関以外の債権者を取り込まずに進めることができるため、仕入先等の商取引債権者を巻き込んだ連鎖倒産が生じる可能性を回避することができます。

また、民事再生のように広く顧客、得意先に知られることがないので、無用な社会的混乱を回避することも可能です。

更に、無事、事業再生が実現できた場合には、健全事業として存続することが可能となり、雇用の確保に加え、地域経済の活性化にも貢献することが見込めます。

## III　再生計画の設計に自由度があること

私的整理では再生手法について法律上の決まりがあるわけではなく、債権者との協議を通じて、対象事業者の抱える経営上の課題に対して、柔軟かつ適切な再生計画を立案、実行することが可能です。

| | |
|---|---|
| 民事再生 | ・通常債権カットを伴う。<br>・債権カット後の弁済期間は最長10年間というルールがある。<br>・債権者平等原則も比較的厳格（商取引債権者を保護するための一定の例外あり）。 |
| 私的整理 | ・債権カット以外に財務内容を改善させるための手段がある。<br>・弁済期間についても期限が決まっていない（いわゆる準則型私的整理手続きにあっては、一定の数値基準を充足する事業再生計画を作成することが必要とされる場合がある）。<br>・債権者平等原則も民事再生に比べれば柔軟な面がある。 |

## IV　金融機関との関係を正常化しやすいこと

一般的に、民事再生の場合は、事業計画は事業者（債務者）側が単独で作成して、内容としても債権カットのみを規定することが多いのです。債権債務の調整、つまり債務整理を行うことを主目的としているといっても過言ではありません。

民事再生の場合、対象債権者の数が非常に多いため、金融機関は債権者の1人という立場になってしまい、債権者との接触機会が相対的に低下してしまいます。また、自己査定における債務者区分は、申立直後は破たん先となってしまい、貸倒引当金を最大に積まなければならなくなります。

これに対し、私的整理では、対象となるすべての金融機関から同意を得るために、十分な情報開示と事業計画の丁寧な説明が必要となります。また、主力金融機関の意向を取り込んだ事業計画を策定することになります。原則として財務DDのみならず事業DDも実施し、債務整理だけではなく、事業改善に取り組みます。金融機関が一体となって事業再生に取り組むことができることから、金融機関との関係性が正常化しやすいといえます。

つまり、私的整理において再生計画が立案されれば、債務者区分が向上する可能性が高いといえます。

例えば再生支援協議会の場合、中小企業再生支援協議会事業実施基本要領という以下のルールが定められています。

- 再生計画成立後最初に到来する事業年度の開始の日から5年以内の実質債務超過解消
- 再生計画成立後最初に到来する事業年度の開始の日から概ね3年以内の経常利益黒字化
- 実質的な債務超過を解消する年度における有利子負債の対CF比率が概ね10倍以下

上記基準を満たす計画が立案できれば、債務者区分の上方遷移（例えば、破たん懸念先からその他要注意先にランクアップ）ができることとなり、引当金の戻り益が出るだけでなく、不良債権比率が改善することが可能になる場合があります。

## V　金融機関としても経済合理性と実行可能性が高くなりやすいこと

民事再生の場合、事業価値の毀損が生じやすいことに加え、10年弁済という弁済期間の縛りがあるため、弁済額は小さくなりやすい面があります。

金融機関から見れば、債権回収が小さく、経済的合理性が比較的小さいということになります。

これに対し、私的整理の場合には、事業価値の毀損が生じにくいことに加え、弁済期間の縛りもないため、弁済額は大きくなり、金融機関にとっての債権回収額が極大化（経済合理性が高く）しやすいといえます。

ところで、金融機関にとって経済合理性が高いというと、破産した場合よりも多くの回収ができるという意味で使うことがありますが、これは当該企業のみを考えた狭い意味の経済合理性の話です（狭義の経済合理性）。

しかし、私的整理のメリットは狭義の経済合理性だけにとどまりません。

・地域経済への悪影響が生じないこと。
・当該企業が法的整理となった場合の同社の従業員向け住宅ローンに影響が生じないこと。
・取引先への連鎖倒産による自行先向け融資の回収等に悪影響が生じないこと。等

上記など金融機関にとっては計り知れないメリットがあるはずです。このことを「広義の経済合理性」があると表現することもあります。

更に、私的整理の事業計画では、モニタリング計画や事業再生に必要な新規融資を織り込んだ規定が設けられることが多くあり、再生計画の実行可能性も法的整理に比べて高い傾向があります。

## Ⅵ　経営者保証ガイドライン対応が受け入れやすい傾向があること

私的整理でも民事再生でも経営者保証ガイドラインが利用可能であることは同様です。

もっとも私的整理の場合には全金融機関同意が原則となるため、民事再生の場合以上に時間をかけて、丁寧に説明することが多くなり、金融機関の信頼関係を得られることも多いといえます。そのため、民事再生以上に経営者

保証ガイドラインが認められやすいという傾向があります。同様に残存資産としてインセンティブ資産も多く認められやすいという傾向があります。

# 3 私的整理のガイドラインとは

まず、私的整理に関しては、バイブルともいうべき「私的整理に関するガイドライン（以下私的整理ガイドライン）」が存在していることを説明しなければなりません。

2001年9月19日に開催された「私的整理に関するガイドライン研究会」において、公表をもって直ちに適用されるものとして採択されたものが、私的整理ガイドラインです。その後、この私的整理ガイドラインが大きなメルクマールとなっており、このガイドラインに基づいたルールで私的整理を進めることを「準則型私的整理」と呼んでいます。

この私的整理ガイドラインは「金融界・産業界の一般的コンセンサスとして捉えられているもの」であり、罰則もなく紳士協定との位置づけとなります。即ち、私的整理を公正かつ迅速に行うための準則なので、残念ながら法的拘束力や強制力はありません。

しかし、その一方で、桜通り法律事務所の説明において、「手続きの透明性・公正性・公平性に関しては準則型私的整理の場合に透明性等の確保が十分に可能」と記載されているように、この準則型私的整理であれば債権者である金融機関も安心できる手法といえます。

なお、この私的整理ガイドラインに準拠したルールとしては、下記の2つが代表的なものです。

・事業再生ADR
・中小企業再生支援協議会による再生支援事業

この中小企業再生支援協議会は、地域の中小企業の再生支援を目的に産業競争力強化法第134条の規定に基づき各地の商工会議所・産業支援センター・産業振興センター等の中に設置されている公正中立な支援機関です。

おおいに頼ってよい公的機関と考えて頂いて結構です。

# 第7章 金融機関の債務者区分

「債務者区分」とは、金融機関が融資した会社の財務状況や資金繰り・収益力・返済履行状況等により定めている区分のことです。具体的には会社を正常先・要注意先・破綻懸念先・実質破綻先及び破綻先に区分けします。

金融機関は何のためにこの区分けで、どういうプロセスで行うのでしょうか。

この章ではそこを説明します。

content

窮境状態に陥った企業を立て直すには、金融機関の債務者区分を想定することが必要です。それが金融機関との共通言語になるからであり、そこを見誤ると必然的に軋轢が生じるからです。但し、それは金融機関の言い分に対して一方的に従うのではなく、企業の再建を目指すために共通の認識を金融機関と、特にメインバンクと共に共有することを目的としています。

したがって、この債務者区分の骨格を知っておくことが重要なのです。

なお、金融庁は2019年12月18日に金融検査マニュアルを廃止しました。よく映画やドラマに出てくる「金融庁検査」とは、このマニュアルを遵守していたか否かを検査するものです。それは厳しいものであり、元銀行員であった筆者としては今でも思い出すと身震いする程のものです。

ところで、このマニュアルがあったがため、金融機関は債務者区分に縛られて画一的な見方しかできなかったのですが、それが廃止されたことによりこの見方はなくなったのでしょうか。

この点に関して金融機関のシステムの観点から筆者としての見解を記しておきます。読者の方にとってはやや違和感を感じられる説明かもしれません。

結論からいうと、金融機関の債務者区分システムは変えることができないと筆者は断定します。金融機関は装置産業であり、そのシステム投資は大変な金額になります。債務者区分算定のシステムを変更することは、相当大きな投資になります。しかも大多数の法人の管理を既存システムで行ってきたのですから、その連続性を遮断することは容易ではありません。したがって、この制度は今後も長く残ると考えております。

# 1　債務者区分の重要性

まず、重要性を認識していただくことが必要です。

## I　金融機関にとっての重要性

債務者区分は信用リスクを客観的に評価するものであり、最終的には金融機関の収益を左右するものであります。

なぜ金融機関の収益に影響するのかというと、それは個々の融資に対して金融機関は引当金を積むからです。

引当金とは将来の特定の支出や損失に備えるために、貸借対照表の負債の部（または資産の部の評価勘定）に繰り入れられる金額を指します。

一般企業のケースで説明すると、売上債権の貸倒れ（回収不能）や賞与・退職金などの費用は、その発生原因（売上の発生、勤労の提供）の時点と金額確定（貸倒れ、賞与・退職金の支給）の時点に差異が生じます。

その際に、引当金を設定することで収益と費用の計上時点を対応させて（費用収益対応の原則）、適正な期間損益計算を行うことになります。

企業会計原則注解では、以下の４つを計上の要件としています。

・その発生が当期以前の事象に起因すること。
・将来の特定の費用または損失であること。
・発生の可能性が高いこと。
・金額を合理的に見積もることができること。

これを金融機関も計上する必要があるのです。

具体的には、融資を回収できる見込みに基づき、その見込みが低ければ引当金を計上するということになります。

引当金を計上するということは当該金融機関の利益から計上することになりますので、自ずと利益が減ることになります。つまり、1年間の事業年度にて得られた利益より引当金の計上が大きくなると、赤字になるということです。

## Ⅱ 企業にとっての重要性

では、この金融機関の見方を、企業側から見るとどうなるのでしょうか。

最も重要なこととして、権務者区分は金融機関からの支援を得るためのベースになります。

債務者区分にはBSやPLも重要なデータですが、その定量情報をベースとして更に定性情報も盛り込まれ最終的に判断され定められます。

この点を認識しておくことが重要です。

# 2 債務者区分の定義と各区分の特徴

債務者区分は正常先・要注意先・破綻懸念先・実質破綻先等になります。

漢字というものはよくできており、まさしくこの漢字のどおりのイメージとなります。大まかに説明すると以下になります。

| | | |
|---|---|---|
| ① | 正常先 | 業績が良好、かつ財務内容に問題のない債務者。 |
| ② | 要注意先（要管理先以外） | 金利減免・棚上げを行っているなど貸出条件に問題のある債務者。<br>元本返済もしくは利息支払いが事実上延滞しているなど履行状況に問題あり。業況が低調ないしは不安定な債務者または財務内容に問題がある債務者など今後の管理に注意を要する。 |
| ③ | 要注意先（要管理先） | 上記の内、3か月以上延滞または貸出条件を緩和している債務者。<br>（債権の全部または一部が金融再生法に定める要管理先債権である債務者） |
| ④ | 破綻懸念先 | 現状、経営破綻の状況にはないが、経営難の状況にあり、経営改善計画などの進捗状況が芳しくなく、今後経営破綻に陥る可能性が大きいと認められる。 |
| ⑤ | 実質破綻先 | 法的・形式的な経営破綻の事実は発生していないものの、深刻な経営難の状態にあり、再建の見通しがない状況にあると認められるなど実質的に経営破綻に陥っている。 |
| ⑥ | 破綻先 | 法的・形式的な経営破綻の事実が発生している債務者。 |

イメージとして捉えて頂くとすれば、①の正常先と②要管理先以外の要注意先が一括りになります。②の定義は重いものですが、仮にリスケをしていても条件変更の契約を結び期限の利益を確保しておけば大丈夫なのです。

③以下のゾーンは金融機関から強く睨まれ、経費削減等の業務改善を伴う計画を提出することが必須となります。なお、この③以下の債務者区分になると、金融機関取引に大きな支障が発生します。極度対応の融資、商業手形の割引、輸入信用状発行等の貿易与信、短期の繋ぎ融資などが得られなくなるおそれが生じます。

我が国の貿易構造は概略となりますが、大企業が輸出、輸入は中小企業といわれています。輸入で必要なのが輸入信用状（L/Cとも呼ばれるもの）です。債務者区分が引き下げられると、このL/Cが開設できなくなるおそれが生じます。そのため、輸入を主体とする中小企業が生き残るためには債務者区分を下げさせてはならないのです。

そして、それを防ぐのがリスケ計画です。計画を策定するということの重みを感じて頂ければと思います。

### コラム　三綱領

我が国を代表する三菱グループには三綱領というものがあります。「所期奉公（しょきほうこう）・処事光明（しょじこうめい）・立業貿易（りつぎょうぼうえき）」です。

所期奉公とは社会への貢献で、処事光明はフェアプレーに徹するということです。3つ目の立業貿易は分かり易いと思います。世界に目を向けた三菱グループは「立業貿易」を掲げて対外貿易を主たる業務とし、グローバルな視野に立つことの重要性を強調しました。

資源のない我が国は「立業貿易」が国の中心的な施策であり、そのためにも輸入信用状（L/C）は貿易を担う企業にとっては必要な機能なのです。

## 3　債務者区分決定項目

債務者区分決定は多くの分析により為されますが、簡単に説明すると定量分析と定性分析の双方から行われます。

定量分析は下記で算定されます。

・安全性分析
・収益性分析
・成長性分析
・CF および収益償還年数（借入を利益で返済すると何年かかるか）
・債務超過解消期間（債務超過であるとすれば、それを何年で解消できるのか）　等々

定性分析項目の特徴は、当該企業が属する業界固有のもの（市場規模・市場の成長性や安定性、そして競合の有無等）が加味されます。その上で、下記が考慮されます（一番重要なのは、太字の項目です）。

・当該企業にとって法的トラブルがあるのか否か。
・公租公課の滞納はないか。
・そもそもとして経営者に経営の資質があるのか。
・後継者はいるのか。
**・機動的な資金調達が可能なのか。**
**・取引金融機関が新規融資を行うのか。**

なお、実際の付与プロセスとしては数字中心の定量分析より定性分析の比重が意外と大きいという特性があります。

したがって、定性分析で睨まれたら大変ということになります。

# 4 一般的な債務者区分付与プロセスとフロー

## Ⅰ 債務者区分の決定時期・決定者

この債務者区分の決定時期は、決算月の３～５か月後になります。

業績が下降気味であるなら、そこが金融機関の対応が変わるターニングポイントになります。

債務者区分が下がった際に最も怖いことは、金融機関の支援スタンスが急に変化することです。前期の決算は不味い業績になったなと感じて金融機関に決算書を届けたら、その２～３か月後に注意しておくべきです。

この債務者区分の決定権限を持つのは支店長になります。但し、企業規模が大きい場合や業績が厳しい企業だと、本部の審査セクションになります。

## Ⅱ 決算期ではない時期でも見直しが行われる

また、決算期ではない時期でも見直しが行われることがあります。期中でも業績が悪くなれば、金融機関は債務者区分を引下げるのです。

どういう局面で引下げられるのでしょうか。当然のことですが、やはり試算表等で期中に赤字に転落した際です。

それ以外にも以下のような場合が挙げられます。

・試算表等で期中に赤字に転落した際
・粉飾決算が露見した際
・親会社や大口販売先が業績悪化した場合
・営業権の譲渡等経営環境に変化があったとき
・延滞が発生したとき
・不祥事の発生や法令違反が発覚したとき

例えば、飲食店が食中毒で営業停止の行政処分が出た場合には、債務者区分の見直しが必須となることは明らかです。しかし、逆に業績が良くなった際には見直しがされないのが殆どです。業績が良くなった場合は決算を締めてから見直しになります。

## Ⅲ　コロナ禍における債務者区分の変更

ところで、このコロナ騒動の中で実に奇妙なことが起こりました。

この債務者区分の見直しがこのコロナ騒動がピークであった2020年の4～6月には行われなかった模様です。

いろいろ要因はありますが、最も単純な理由は金融機関の職員もコロナ禍対応で満足に出社できず、現場に出ていなかったからです。作業を担う金融機関の職員がいないのですから、債務者区分の見直しはなされません。

では、いつ見直しがされるのかというと、それは決算の時です。そこしかありません。つまり、決算書を届けたら、手の平を返す金融機関が続出したということです。

見直しの際のポイントとして、「今年度は赤字決算はやむを得ないとして、それが今年度に限ったことなのか、次の年も続くのか否か」ということが最も重要になります。

金融機関は一決算年度の赤字のみでは債務者区分を下げないことがあります。一過性の赤字なら引き下げないのです。それはつまり、これから決算を迎える企業にとって、その次の計画が相当重要だということを差します。

赤字が一過性と認められず恒常的な赤字に陥るのであれば、債務者区分は格下げとなります。

コロナ禍で分かり辛くなっているので、一過性の赤字か否かの判断が付かない場合には、資金繰りが続くか否か、即ち金融機関への返済が約定通り行われるか否かで判断されることになります。

# 5 特記事項（4の補足）

## I 債務者区分のプロセス

| | |
|---|---|
| 3月 | 多くの企業で決算。 |
| 5月末～6月 | 金融機関から借入がある企業は決算書を提出。 |
| 7月～8月 | 決算書に基づき金融機関が新たな債務者区分を各企業に付与。 |

ここでは、企業が金融機関に決算書を提出したところから説明します。この流れはメガバンクも地域金融機関もほぼ同じです。

**① 決算書と担当者が一部加工したデータを金融機関内部にある専門セクションに送付**

専門セクションで一次処理をシステムにて行います。そのシステムはメガバンクは自前で開発したものですが、地域金融機関の多くは外部の大手データセンターが作成した債務者区分付与システムを利用しています。したがって、地域金融機関はでき上がった書式が面白いほど似通っています。債務者区分は当該企業には開示されませんし、また金融機関にとっては重要な㊙事項なので対外的に発表することはありませんので、それはそれで問題ないのです。

ポイント

上記を逆に考えると、ある金融機関で「破綻懸念先」とされている企業は、その金融機関以外に相談しても、債務者区分付与の為の基本システムがほぼ同じなので、「正常先」と判断されることはまずありません。

因みにメガバンクは地域金融機関より厳しめの結果となるシステムのようです。したがって地域金融機関から冷たい態度を取られている企業が資金繰りに困った際、メガバンクに相談に行くということはナンセンスということです。逆に、メガバンクで冷たくされている企業が、地域金融機関に相談に行くと融資を引き出せる場合があるかもしれません。

**②　データ加工処理を経て、定量分析に基づく債務者区分の一次判定を行う**

データ加工処理とその判断基準の基本的な考え方はどのシステムも同じです。

成長性・収益性・安全性・CF・規模等をベースに諸々の加工を経て、「定量分析に基づく債務者区分の一次判定」がなされます。

金融機関のシステムなので、これ等の分析はやはり自己資本比率等の安全性に高い比重を置いています。面白いのは金融機関も営利企業なので、その会社の資金調達余力分析も比重が重くなっています。「いくら貸せるのか」というポイントになります。

成長性は読者の皆様が考えている程、そう高くは判断されません。金融機関は急成長を嫌うものであり、その辺りがシステムにも反映されています。

ポイント

決算が悪くなれば、金融機関担当者から必ず質問が来ます。

PL は赤黒の判別はもとより利益率低下等が明確に表れますので、その分析に関しては比較的明解です。

一方、BS は課題が多く、金融機関の職員が何を根拠にその勘定科目の分析を行っているのかというと、勘定科目の時系列分析と「大数の法則」のようなものによります。

時系列分析は残高そのものや回転率が主で、読者の皆様も察しがつくと思います。

「大数の法則」は、金融機関の方々も知らないかもしれないことですが、取引先のリスク分析の中心的な考え方ともいわれてます。

この「大数の法則」は確率論と考えれば、分かり易いかもしれません。ある試行を何回も行えば確率は一定値に近づくという法則です。最も典型的な説明としてはサイコロです。何回も振っていく内に、1の目の出る確率は6分の1に近づいて行きます。

これの金融機関の運用としては、業種小分類毎にかなり細かな分類で倒産確率を出し、そしてその確率に基づいて在庫や売掛金に掛目を入れるというやり方になります。これもシステム的に処理されます。

金融機関担当者から「在庫が多い、何故なんだ」等の質問を突き付けられる経営者が多いと思いますが、「そういう交渉をせよ」とのメッセージがシステムから金融機関担当者に下っているからなのです。

ところで、経営改善計画の章でご説明致しましたが、在庫が多いとしても金融機関担当者が一々在庫を調べに来たり、実際に帳簿を見に来たりするケースは少ないと思います。見られたところで金融機関職員が仕訳に精通している訳でもなく、実態は分らないことが多いのです。そこが金融機関本部の融資セクション幹部の悩みでもあります。

## II　債務者区分の定性分析とその重要性

決算データのシステム処理を経て、その結果が担当者の手元に送られてくると、担当者はそこからが勝負になります。

加工されて出てきた一連の還元資料にコメントを記し、その結果を支店長に回付します。支店長は担当者から回付された資料に基づき、その企業の債務者区分を最終決定します。なお、企業規模が大きい場合や業績が悪いと前述のとおり、最終決定は本部になります。

この一連の流れの中で担当者の付けるコメントが重要になってきます。

### ①　担当者が見ているのは数値と数値に現れないリスク

担当者は何を見ているのかというと、まずは数値です。

それ以外の定性分析では何を見ているのでしょうか。その会社の事業性でしょうか。そうあるべきなのですが、本音として事業性に関しては中々見極めが付かないことであります。

そのため、その企業の数字に表れない固有リスクを中心に金融機関の目が向けられます。

リスクがない経営はあり得ません。リスクを取るからこそ、利益が得られるのであり、それがビジネスです。そして、その類は健全なリスクと評価されるものです。

健全とは思えないリスクとは、例えば後継者の有無が挙げられます

**②　他の金融機関からも借入ができるのか否か**

しかし、金融機関が見るリスクは少し違います。企業毎にリスクは違うのですが、どの企業にも共通する重要な項目として資金調達リスクがあります。

当該企業が「他の金融機関からも借入ができるのか否か」ということです。

金融機関にとって業績が悪くなることも含めて当該企業の信用力に問題が発生し、他の取引金融機関が融資を減らしてしまうことを恐れます。

そこで金融機関担当者は「他の金融機関からも新たに借入されましたか」や、「メインの金融機関から、折り返しの資金が出ましたか」などを常に聞いてくるのです。

折り返し融資が出なくなったり、保証協会の新規保証が得られなくなった時が一番怖いときです。金融機関すべてがスーッと逃げていきます。

このように取引金融機関が資金調達リスクを問題視し始めると、会社は新たな借入ができなくなる恐れがあります。

**③　経営リスク**

一般的には業界リスク等が指摘されますが、それはあまり重要視されていません。なぜなら厳しい外部環境下でも儲かっている同業が必ずあるからです。

この経営リスクは範疇が広く、後継者が定まっていないことも含まれますが、主には経営者個人の資質によるものです。社員の離職率が高い場合にはそれも金融機関は経営者の資質と見ています。経営者が役員始め経営幹部と不仲だと分かれば、それを記録化した上で、場合によっては債務者区分引下げを検討します。

また、多くの場合では当該企業以外の外部関係者が指摘するリスクまでは加味しませんが、社会的な事件を起こした際には引下げが検討されます。事故を起こした企業のメインバンクは、社会的にも管理責任を問われる時代と

なりました。

社会的な問題を起こした上にその企業が粉飾決算を行っていた場合には、相当厳しい対応を金融機関は採ることになります。分かり易いケースとしては、飲食店における食品衛生法違反や建築業の入札談合です。

メインバンクが管理責任を問われる社会環境になってくると、融資先に対しては更に厳しい目で見ざるを得ないということになります。これらのリスクは法務リスクともいえるものであり、一般的にはコンプライアンス（法令遵守）という言葉に含まれます。

これを金融機関は非常に重要視しています。

例えば土壌汚染です。工場敷地内の地下水に関して、飲用で使わず健康リスクがない場合でも汚染が一定以上ならば、それは法令違反になります。しかも土壌汚染の浄化は、かなり大きな資金が必要になります。その資金が調達できない企業はコンプライアンス上では、大きな法的問題を抱える企業と評価されてしまいます。事業性とは異なりますが、このような観点で金融機関が融資先を見ているということも認識すべきです。

## コラム　政府系金融機関の債務者区分

取引金融機関の少ない小企業の皆様に朗報です。

ここ1～2年の傾向として、政府系金融機関の債務者区分は、民間金融機関のやり方と大きく異なることがあります。企業規模が左程大きくない場合、当該政府系金融機関は融資総額を何年で返済できるかにより、正常先か否かと判断するケースが出てきました。

この期間を10年や15年等､比較的長めの期間で考えてくれますので、安定したPL計画が描け、かつその期間で完済できるのなら、リスケしていた短期間の条件変更から10年や15年の期間の長めの融資契約にシフトしてもらえます。そして、それにより正常化されたと認識してくれるのです。これはその長期間で期限の利益を得られるということとなり、会社にとって非常に有利な借入ということになります。

但し、民間金融機関ではこの様な考え方を採らない場合が多く、取引金融機関が多い企業にとっては根本的な解決になり得ません。

一方、公庫国民生活事業から融資を受けており、かつ信用保証協会の保証付き融資のみという小企業は、この方法で正常化へ格上げさせることが可能です。

取引する金融機関を見て、もしここに記載されている様な金融機関構成であるならば、この長期間への借入シフトをトライしてみては如何でしょうか。

# 第8章 私的再生における金融機関との交渉術

金融機関と会うのは苦手だという経営者もおられるかと思いますが、実は金融機関との付き合いに関しては、ちょっとしたコツがあるのです。業績が厳しくなった場合、それを踏まえた接し方が必要です。

そこをこの章でご説明します。

content

窮境状態に陥った企業を支援する専門家の方々にお聞きします。

過去にこんな困った経験はなかったでしょうか。

> ある社長から「メインの信金は頼りない」といつも嘆かれていた。
>
> どうしたものかと考えていたらその社長、取引のある信用金庫の支店窓口で「この野郎、支店長を出せ！」と担当者の胸ぐらを掴んでしまった。
>
> 社長　　　「コロナ禍の影響で業績が戻らない。追加で融資して欲しい」
>
> 金融機関「そんなに何度も貸せない」
>
> 社長　　　「貴様、俺の会社をどう見ているのだ、国は融資すると発表しているではないか」
>
> ということで手が出てしまったという次第です。
>
> さぁ、困ったのは専門家の先生方皆様。その支店長とは時には一杯やる仲であり、どちらの肩を持つべきか‥。

そんなにあることではないと思いますが、起こらないとは限りません。

このような場合、誰が悪いのでしょうか。この責任の所在は実は専門家の先生方にもあります。それは、金融機関との交渉の要領を社長に説明していないからです。

## I　トラブル回避のためのポイント

### ①　常日頃から支店長と面談しておくことが必要

この場合には、その企業と支店長とが面識があったのか否かが重要になります。

全員が全員とはいいませんが金融機関現場のトップは、業績が悪い企業との面談を嫌がります。

金融機関にとって融資先企業との担保や金利交渉は不可避です。

厳しい交渉に関しては、下記の順番で行われます。

まずは担当者　⇒　担当者との間で話が纏まらなかった際には課長や次長　⇒　それも駄目なら副支店長　⇒　副支店長の交渉が決裂した場合、最後のカードは支店長

その後はいません（小規模の支店ですと、このような重構造の対応は、不可能になります）。

したがって、担当者や課長が支店長の面談を遮ることが発生します。

そこで課長が支店長との面談をブロックしているような際には、勇気をもって「支店長と一度、お話ししたい」と依頼することが必要です。

【支店長と面談すべき理由】
・　結論を早めること。
・　担当者や課長の文章のみで決定権限者である支店長が判断することを回避させるため。

その上、会社からの融資依頼が口頭のみであったなら、その担当者の文章作成能力次第になってしまいます。資金繰りに行き詰った会社の命運が、たった１人の担当者の文章作成能力に委ねられてしまうのです。恐ろしい事実だと思いませんか。

それを避けるには、仮に文章の作成や計画の作成が会社のみで十分にできないのであれば、やはり最低限は支店長と面談して実情を話しておくべきなのです。

**②　担当者の文章力次第になってしまう恐ろしさ**

金融機関はすべて文章の世界です。

支店長や本部が事業性の有無を判断する際には報告書、即ち文章で判断します。この文章での報告というのが、往々にして事実を歪めるのです。

支店長は「ベテランＡ君の分析なら大丈夫だ」「Ｂ君は経験不足なので熟

読しなければ…」というように判断します。これはフィルターが掛かるというニュアンスで捉えて頂いて結構です。

それと、もう1つ重要なことがあります。これが最大のポイントです。

「この社長さんなら大丈夫だ」とか、「この社長さんはカッコ付けて良い話しかしない」、「この社長さんは自社の数字を自ら全く把握していない」と支店長は当該経営者と面識があればその抱く人物像にしたがって、その報告書を読みます。

しかしながら、支店長が当該企業の社長とは面識がない場合にはそれができませんので、その企業の事業性分析報告書や貸出稟議書が上がってきたら、支店長の判断は部下の文章力次第となります。部下の文章作成能力が高ければその企業にとってはプラスですが、もし、文章作成能力が低い担当者なら明らかにマイナスになります。

**③　会社としての計画書が必要**

そのような場合にこそ、会社としての状況を伝えることができるしっかりとした説明文章も付いた計画書などのペーパーが必要なのです。

業績が悪化すると、一般的には担当者の上司や支店長と会うチャンスがどんどんなくなります。会うのに忍びないという気持ちになることは理解できますが、勇気を持ってお会いすべきなのです。

**④　現職の支店長に会うことで貸し手責任を感じて貰える**

社長に対して「支店長に会っていますか」と聞き「会っています」と返答されても、更に「現職の支店長ですか」と確認してください。お会いしたことがあるのは、支店長でも2代前とか3代前のケースがありえます。笑えない事実です。

そして、現職の支店長がその社長に会おうとしないのであれば、それは大問題です。

逆に、支店長がその企業の社長と面識があり、その人となりを理解しているのであれば、それは安心すべき状態です。業績が悪くなっても、その支店長は貸し手責任を感じることでしょう。

金融機関は一般個人から預った大事なお金を融資に回しているので、それを焦げ付かせることはあってはならないことです。だからこそ、厳しい担保交渉も発生するのですが、健全な貸し手責任を支店長が感じるのであれば、リスケ対応の内容に耳を貸すはずです。

支店長と会うことへの動機付け、そして計画書なりペーパーで話を纏めるということが会社に寄り添う専門家にとっての必要な能力となります。これからそのポイントを本章で説明しますので、参考としてください。

# 1　金融機関を味方に付けるには

ポイントを並べると以下になります。

**①　必要なことは、適時適切な報告であること**

何か起こった際に報告が遅れることは最も不味いことです。

**②　当該企業の社長による直々の面談や報告が必要**

金融機関に訪問することを嫌がる社長がいますが、業績が悪化したときこそ社長による金融機関宛訪問が必要です。サポートする士業の先生のみによる面談が続くことは避けるべきです。

**③　業績が悪くなればなるほど、当該企業の社長と金融機関との接触頻度は下がっていく**

残念ながらこの傾向は顕著です。そこを留意すべきです。

**④　新たな融資やリスケが必要なときは社長自らが出向くべき**

社長が面談せず、経理部長や課長のみが金融機関と面談するケースもあります。種々のケースがあり、社長が会わない方がよいという状況もあるかもしれませんが、例えば会社のトップとして金融機関に融資を依頼する必要がある局面では、社長自らが出向くべきです。因みに会社が窮地に陥った理由を経理部長等の責任だと言い張る社長なら、それは最悪の事態だと感じます。金融機関はその様な経営者を最も嫌います。

前述のとおり、金融機関の担当者のみと面談しているのも不味い状況です。3回の面談の内、一度でも結構なので支店長や課長と会うべきです。

「金融機関の方から会社に来るべきだ」ということを主張する社長であるならば、会社の置かれた状況を改めて専門家から丁寧に説明する必要があります。会社が窮地に陥り、資金繰り破綻を回避するために新たな融資やリスケが必要になるのなら、それは社長自らが出向くべきです。

# 2 会社からの金融機関宛報告要領とは

ポイントを並べると以下になります。

**① 文章を必ず作成する**

口頭だけの報告になることは止めましょう。何らかの資料とそれを説明する文章を必ず作成することをお奨めします。例えば試算表を毎月提出しているとすれば、そこに、当該月の営業状況や今月の目標等をちょっとした文章で良いので記載すべきです。

**② 資金繰りの実績と資金繰り計画を作成する**

どんな資料でも作ればよいということではありません。業績が厳しいのであれば、必ず資金繰りの実績と数か月分でも良いので資金繰り計画を作成の上、金融機関に提出すべきです。なお、資金繰りがかなり危険な状況であるならば、月次の資金繰りではなく日次の資金繰り（日繰り表と呼ばれます）を作成します。

気掛かりなのは、この資金繰り計画が立てられない企業がかなりあるということです。実際のところをいいますと税理士の先生方でも税金の申告が本業であるので、資金繰りを立てることは苦手な方が多くおられます。

資金繰り計画は会社の行動計画であり、社長のみならず営業や購買担当者からもヒアリングの上、作成が必要です。会社から顧問の専門家に支払われる月次報酬が少なすぎて、そこまで突っ込むことができないケースや、申告の繁忙時期と重なって全く身動きができない等、沢山の課題がありますがそこを乗り越える必要があります。

**③ 中長期の計画も必要**

短期的な項目のみならず中長期の資金繰り計画も必要です。業績が厳しくなったら、必ずいつかは必要になります。この事実に会社・そして会社を支える専門家の方はしっかりと向き合う覚悟が必要です。

## 3 交渉のポイントは

以下にポイントを並べます。

**① 金融機関との円滑な交渉を進めるために、まずは会社の現況を表す数字に精通する**

そこが曖昧だと、金融機関との交渉は進みません。

**② 更に優位に立てる交渉を進めるためには、事業性を語る**

サポートする立場の士業であるならば、その会社の事業には深く興味を持ってください。それを熱く語ることにより、金融機関との交渉を優位に進めることが可能です。

**③ 金融機関の債務者区分とは違った取引方針を見極める**

金融機関にとって債務者区分が重要です。但し、ご認識頂きたいこととして、その債務者区分とは違った取引方針というものを多くの金融機関は定めています。債務者区分が破綻懸念になったとしても支えてくれるケースがありますが、正常先であっても新たな融資を回避しようとする場合もあります。これを見極めることは左程難しいことではなく、当該企業と金融機関の会話を横で聞いておくだけで自ずと見えてきます。

**④ 金融機関には新たな発想等を期待しない**

残念なことですが、金融機関には新たな発想等を期待しないことも肝要です。

金融庁は金融機関に事業性の見極めを強く示唆していますが、そうはいっても忙しいのが金融機関の職員です。筆者は金融機関を庇う気持ちは一切ありませんが、過度な期待を持つことは逆効果になるとともに、それ自体がリスクに繋がります。冷静に判断しておくことが無難です。

# 第2部
# 企業再生支援のために理解しておきたい金融機関の考え方

# 第9章 今後の金融機関について

リスケ計画とは金融機関に提出して、同意を得るものです。

したがって、金融機関が社会的に置かれた状況や、金融機関としての悩みを理解しておくことは重要です。

その悩みには、過去からあるものとコロナ禍により新たに発生したものがあります。

content

# 1　過去からの悩み

経済誌や新聞で発表されているように、金融機関の経営環境が厳しくなっています。

その大きな要因が金利の低下です。それに2018年頃からの景気低迷と人材の減少を加わり、以下の3つとなったと筆者は捉えています。

① 日銀の低金利政策により、金融機関の収益構造は悪化したままである。
② 米中の貿易摩擦等により、2019年より金融機関の与信費用は増え始めた。これは、引当金を新たに積むべき取引先が増えたということである。
③ それに対して、バブル期からリーマンショックまでを支えていたベテラン金融マンの退職により、与信管理能力が徐々に低下している。

## Ⅰ　金利と引当金

金利が下がれば金融機関の収益が厳しくなるということはイメージとして理解されていると思いますが、もう少し具体的に儲けの仕組みを説明します。

（注）分かり易く説明しますが、個々の金融機関による会計的な観点やその内部ルールには一致していませんので、その点はご理解ください。

金融機関が企業と取引して発生する粗利益は資金（金利）収益と手数料（保証料）です。

下記、具体的なケースで説明します。

**【前提条件】**
・A社は金融機関から1千万円の融資を受けている。
・500万円ほどの預金がその企業の普通預金には常時蓄えられるように

なっている。
（注）これは融資代わり金ではなく、日々の売上回収金の残高が平均的に500万円あるということ
・給与振込や仕入れや経費の支払いに伴う振込も同金融機関を利用している（月間10件の給与振り込みと、一般の振込みを30件）。

この場合の金融機関の儲けは約41万1千円となり、それが粗利となります。仕組みは以下です。

**【粗利　資金（金利）収益】**

融資　年間ベース

残高×（貸出金利－市場金利）＝融資による資金（金利）収益

・貸出金利は、多くの金融機関が指標とする短期プライムレート（1.475%）

・仕入れとする市場金利はゼロ金利政策が続いているので0%と仮定

計算式　10,000,000円×（1.475% － 0%）＝ 147,500円　←（a）

預金　年間ベース

残高×（市場金利－普通預金金利）＝預金による資金（金利）収益

・普通預金金利は、多くの金融機関が適用する水準

・市場金利は、融資収益の算出と同様に0%と仮定

計算式　5,000,000円×（0% － 0.001%）＝▲50円　←（b）

**【粗利　手数料（保証料）】**

振込　年間ベース

給与振込年間件数×１件あたりの手数料＋その他振込年間件数×１件あたりの手数料＝振込手数料合計

・社長始め社員は９人で計10人

１件あたりの手数料を100円と仮定

・仕入れや経費に伴う他の金融機関への振込みが月間30件発生（年間では360件）

１件あたりの手数料を700円と仮定（消費税は考慮しない）

計算式　10件×12か月×100円＋30件×12か月×700円＝264,000円　←（c）

**【粗利合計】**

上記のaとbとcを合算すると、411,450円　←（d）

では、そこに経費と引当金を加味するとどうなるのでしょうか。この考え方は一般の事業法人であれば、営業利益となります。

経費の仕組み　粗利×経費率＋融資額×引当率＝経費合計

・金融機関職員の人件費とシステム使用料が大きく、大凡３分の２は経費と想定

・この企業の場合、業績が厳しく債務者区分は破綻懸念先と仮定

その破綻懸念ゾーンの引当率は債権総額（1千万円）の60%と想定

（注）債務者区分により引当金は大きく変動する

計算式　411,450円×2/3＋10,000,000円×60%＝6,274,300円　←（e）

債務者区分が破綻懸念先になった場合の引当率は各金融機関やその業態によって多少の高低はありますが、こうして見ると債務者区分が下がって引当金を立てるという事態が、当該金融機関にとって大変大きな影響になることが分かると思います。

この会社が正常先であれば問題はないのですが、業績が悪くなり高い引当金を計上するとなると、なんと約600万円近くの赤字（d-e）になるのです。もっとも倒産してしまうと１千万円の債権が回収できません。その際には追加で400万円を計上することになります。

一方、この会社が業績は厳しくとも倒産せずに経営を続けることができれば、この引当金は金融機関の年度末に組み戻しすることになります。但し、業績が回復しなければ、新年度でまた引当てることになります。

以上が金利と引当金の構造です。

重要なこととして、コロナ禍により引当金を積まねばならないような事態が、金融機関としての管理において増えてきました。

なお、上記のケースで、業績が厳しくなった際に新たな担保を会社が金融機関に差し入れたとしたら、当然のことですがこの60%という引当金を立てる必要がなくなります。だからこそ、金融機関は業績が厳しくなると新たな担保を要求してくるのです。

## II　ベテラン金融マンの退職

これに関しては団塊の世代の退職、若年層の減少等が思い浮かぶかと思いますが、筆者が述べたいのは人口構成の上で若年層が減っているという年齢構成のことではありません。

バブル期からリーマンショックまでを支えていたベテラン金融マンの退職の影響が大きいということです。その当時を支えていた与信管理能力に長けていたベテランの方が金融機関から退職し始めていますが、そのノウハウがその後、平和な時期が続いたために後進に受け継がれず、ノウハウを持った人が減ってきているのです。

この問題はジワジワと金融機関に影響を与えています。法人取引分野には顕著な影響を与えますので、信用金庫や信用組合の中では法人取引を縮小している金融機関までもが出てきています。

そのような背景により金融機関の法人取引は保証協会の保証付き融資を主体としたものになってしまうという事態に陥りつつあり、これもまた我が国の課題であります。

## 2 With コロナによる新たな悩み

構造的に金融機関が元来より悩み多き業界だということがわかったと思います。それがコロナ禍により加速度的に膨れ上がってきています。

保証協会による保証付き融資の増大で金融機関は一安心していると考えている方もおられると思いますが、根本的なところの課題は大きくなっています。

これも分類すると３つになると筆者は捉えています。

① コロナ禍による外部環境悪化が、どこまで続くのかの見極めが付かない。
② 正確な債務者区分の付与は可能なのか。
③ 2019 年度に続き、与信関連費用増加のおそれがある。

まず必要なことは上記②の正確な債務者区分の付与です。

この課題は比較的明確であり、コロナ禍による影響を一過性の赤字として判断するか否かということになります。即ち、一過性の赤字として判断するのなら債務者区分を下げる必要はありませんが、赤字が続くのであれば債務者区分を下げる必要が出てきます。そうなると③の与信関連費用増加に繋がるということです。

（注）**第７章**の**４**の「一般的な債務者区分付与プロセスとフロー」でも若干ご説明しておりますので、そこも併せてご覧ください。

# 3 これからの金融機関の進む方向

では、金融機関はどこに向かうのでしょうか。

そこを筆者が想像した３つの項目で説明します。

① 取引先に対する予兆管理が増えていくだろう。

② 取引先の業績悪化はコロナ禍の影響だけではないことを金融機関は十二分に気付いており、本業不振と判断された企業の振るい分けを始める。

③ 金融機関同士の合併等を模索する動きが活発化する。

金融機関の動きは非常に重要です。

大きな流れとしては、バーゼルⅢ（第５章の４「コロナ禍によるリスケ計画のニューノーマル」をご参照ください）の影響があり、それも踏まえています。

## 1 予兆管理

これはいったい何なのでしょうか。この言葉をネットで調べますと、以下と出てきました。

予兆とは「前触れ」や「前兆」のことで、変化や事象が起こる前のこと。よく、ナマズが暴れることを地震の予兆というが、何かしらの変化や事象が起こる前には前触れがあるもの。予兆管理とはトラブルや事故などが発生しないように、予兆又は異常を察知し、迅速に問題点を洗い出して改善することが基本。

上記では、地震の予兆という使い方がされてますが、金融業界においてはリスク管理に使われることがあります。

かつて日銀が「市場リスク管理体制」の一環として、予兆管理を経営陣は行うべきとした資料がありました。

この予兆管理という用語は債務者区分が低下するリスクをミニマイズさせることを意味します。債務者区分が低下すれば当該金融機関の収益は下がり、その結果、体力をも奪うことになります。

筆者はそれを防止するあらゆる策が増えると予想しており、その動きが2021年から活発化すると想像します。予兆管理により、正常先が要注意先に、そして要注意先が破綻懸念先にグレードダウンすることを防止しようとする行動が能動的に出てくるのではないかと感じています。

この行動とは、実態把握により課題を抽出し、その課題を改善させることです。企業再生の用語ですと、窮境要因の確定とその除去になります。

それを包含するものこそが計画なのです。

金融機関が予兆管理を進めるにあたって、必ず計画を要請されるはずであり、斯様な観点でいうならば、リスケを行っていない企業であっても業績の下降が懸念されるのであれば経営を立て直す計画が必要ということです。

## II　本業不振と判断された企業への対応

**第５章**でリスケ計画に関してコロナ禍により過去から変わったこととして、「コロナ禍により変わったことと変わらないものを明確にしておく」と記しました。その上で、コロナ禍が業績を悪化させた要因ではないと判断された場合には、相当思い切った態度を金融機関が採ってくるものと想像しています。

例えば、差押えや債権者による破産申立てです。

金融機関の中には回収の極大化という考え方があります。現在赤字を垂れ流している企業の場合、将来も赤字垂れ流しになるのなら、今潰しておいた方が回収率が高まるという考え方です。

この判断を行う局面が増えてくる恐れがありますので、業績が下降するのはコロナ禍の影響だけではないと経営者が気付いているのでしたら、一刻も早く計画を策定すべきです。

## Ⅲ　金融機関の再編

金融機関同士の合併等は既に誰しもが予想しているのではないでしょうか。

今回のコロナ禍による影響は、リーマンショックや東北大震災よりも長く影響が続く恐れがあるとの見方もあります。即ち、景気が上向くとの予想が少ないのです。

元々この動きはありましたので、コロナ禍により加速されることでしょう。既に金融機能強化法の延長が2020年の8月には閣議決定され、施行されました。

この金融機能強化法とは「金融機能の強化のための特別措置に関する法律」が正式名称で、各々の地域にとって安定した金融機能を維持させるために、国がその金融機関に資本参加するという内容になります。何やら過去を彷彿とするものですが、着々と国による体制は整いつつあるということです。

因みに筆者は悪い動きだとは考えていません。

お互いが一緒になり、体力を増さねば、コストのかかるAIの駆使等による与信判断等の新たな業態転換が図れません。これこそが金融業界にとっての改革に繋がることだと確信しています。

# 第10章 融資に対する金融機関の考え方の整理

企業運営になくてはならない経営資源としてヒト・モノ・カネ・情報をフルに回転させねばなりません。

この章では、そのカネにスポットライトを当てます。

content

2020年９月に発足した菅義偉新内閣は、事業の在り方を見直すのに加え、かつての金融円滑化法出口と違って中小企業の生産性向上や再編を促す意向があるようです。政府は成長戦略会議を開き、具体的な生産性を上げる策が続々と発表されており、事業再構築補助金は、その最たるものです。まさにコロナ禍により、成長に対する新しい意味合いが加わり、従来以上に経済成長と成長戦略が重要になったといえるでしょう。

但し、国としての方向性が定まったとしても、個社の行動に関しては夫々の企業が努力を行わねばなりません。あらゆる努力が必要になります。

企業運営になくてはならない経営資源のとしてヒト・モノ・カネ・情報をフルに回転させねばならないということです。

この章ではそのカネにスポットライトを当てます。

成長戦略や生産性向上には、新たな資金の調達が必要になるはずです。中小企業の生産性向上がどのような形で国の施策に取り込まれるのかは別にして、企業が伸びるためにはやはりNew Moneyが必要なのです。

一方、コロナ緊急融資が拡がったことにより、融資の受け方が歪になっていると筆者は考えています。多くの企業が赤字による資金不足を補うため、そして資金不足を懸念した手元資金確保のために借入に走りました。しかし、この緊急融資に伴う借入の仕方は誤っています。

そこで、本来の資金調達に関してここで改めて説明します。

# 1 融資に対する金融機関の考え方

① 金融機関は原則、資金使途で融資を区分けしている。
増加運転資金、折り返しを含む経常運転資金、設備資金、決算賞与や納税資金、季節資金、工事完了までの繋ぎ資金、そしてM&A資金や海外進出に伴う資金等である。

② これに対して個別案件の検討ポイントは当該企業の債務者区分と融資の内容、この2つを同時に検討する。

③ 債務者区分は毎期の決算書をベースとした当該企業の信用力評価(**第7章**参照)。1件毎の融資内容の判断とは、正当な資金使途か、当該企業の事業発展になる借入なのか、返済は間違いないのか、担保はあるのか等の判断である。

④ 重要なことは当該企業の債務者区分が低いと、その融資の内容次第での判断のみとなり、ハードルが高くなることである。

「俺が一言いったら、すぐに銀行が融資してくれたよ!」と豪語する社長がいます。

これは本当でしょうか。それが、本当なのです。

## I 新規融資の審査

金融機関が新規融資する場合には、当該企業の債務者区分と融資案件の内容の2つを同時に審査します。

債務者区分の決定は決算が締まった後の年に1回の作業です。

金融機関が新規に融資を行う際、この債務者区分が良ければ融資案件の中身はあまり見ません。

筆者が金融機関で支店長をやっていた頃、案件の決裁が部下から上がってきた際、債務者区分が良くて、かつ担保も取っている企業、そして資金使途が賞与資金等の短期返済であれば、すぐに承認していました。しかも「コメントを1行にするように！」と部下に指示していました。金融機関もメーカーと同じく原価管理が必要なので、生産効率を上げるには必要以上の作業負荷を掛けてはならないのです。

但し、債務者区分が悪い企業で、新たに追加融資を行わないと資金繰り破綻を起こすような企業からの融資依頼なら、徹底的にその会社と案件の中身を吟味します。その過程をご説明します。

なお、金融機関への借入申請方法を説明する解説書やホームページは多いのですが、「企業としての債務者区分と個々の融資案件内容の関係」の説明が抜けている記載が多いのは残念なことです。

## II　設備投資は案件検討に苦労する

どんな良い企業でも、担保があっても金融機関の稟議コメントが一行で済まされないのが設備投資です。金融機関の職員も案件検討に苦労します。

何が金融機関にとって難しい、即ちリスクが高いのでしょうか。

**①　リスク1：期間が長い**

運転資金であれば期間1年もあり得るのですが、設備投資ではそんな短期間の融資はありえません。

**②　リスク2：企業の損益分岐点を上昇させ利益確保の足枷となる**

設備投資は当該企業の損益分岐点を上昇させることになり、利益確保に大きな足枷となります。新規設備投資に伴う収益増により固定費増加を賄うことができない場合、その企業にとっては無謀な投資と判断できます。

## III　設備投資に必要な金融機関のチェックポイント

【金融機関がチェックするポイント】

・設備の内容　⇒　設備投資計画の効果。

・上記、一連の流れに伴う当該企業としての体力。

設備投資のリスクを見直す機会として捉えて頂いても結構です。

赤字企業でも、設備投資は必要です。

“おしん”のように「売上伸びません、お金も使いません、経費削減で返済しますので勘弁してください」という計画は、本当は流行らないはずであったのですが、リーマンショックの後は主にこれで対応してきました。但し、それでは企業の成長は望めません。

そのような厳しい事態に陥らないよう、Afterコロナになれば会社が成長できる、そして経営者や社員が明るくなる「前向きな計画」を立てるべきです。そのためには金融機関から設備投資に伴う融資を引き出す必要があります。

なお、チェックポイントはどこの金融機関も項目や目線はほぼ一致しています。

但し、その業態や親密度（金融機関による当該企業への取引方針）、即ちメインバンクなのか否か等によって相当目線が変わってきますので、その点を加味して熟読してください。

## 参考資料 8　金融機関からの新規融資受け方に伴うポイント

金融機関が新規融資する場合は、その企業のⒶ債務者区分とⒷ融資の内容の２つを同時に検討します。

【融資判断の拠りどころ概略図】

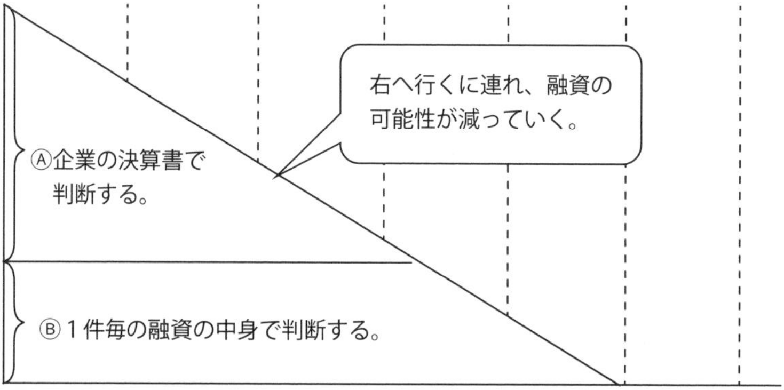


【債務者区分】　※様々な形式基準（延滞・返済条件緩和等々）と実質基準

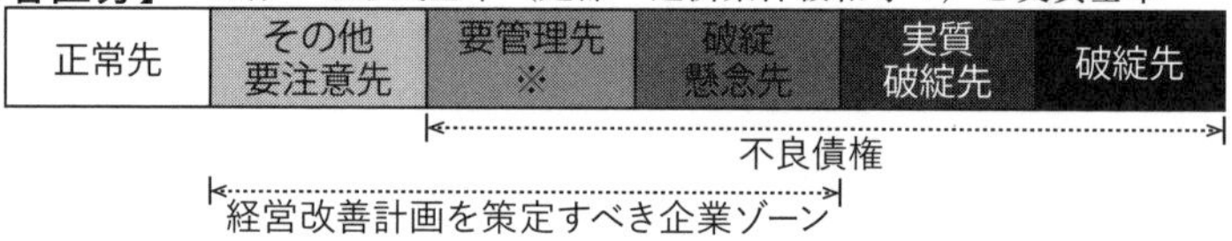


**Ⓐ　債務者区分**

毎期の決算書をベースに、その企業の信用力を評価し分類することにより算出されるものです。なお、信用力の定義は非常に難しいものですが、融資をした際のリスク度合いや既存融資を履行する能力を数値化したものと解釈してください。

決算書（実態）の数値をベースに業種の特徴や企業規模等の尺度を加えます。

また、一連の定量評価に加え、経営者の特徴や法的なリスク、メインバンクの有無等の定性情報を加味します。関連企業がある場合は、原則合算します。

また延滞が発生したり、粉飾が発覚した際は、決算期を待たずに見直すルールとなっています。

債務者区分については**第7章**の「金融機関の債務者区分」も参考にしてください。

**Ⓑ　1件毎の融資判断**

正当な資金使途か、当該企業の事業発展になる借入なのか、返済は間違いないのか、担保はあるのか等の判断です。

**①　詳細の説明**

企業が融資を金融機関に申し込んだとしたら、金融機関はその企業の債務者区分（Ⓐの部分）とその融資の使途等（Ⓑの部分）の双方で判断します。

決算書の数値が良い、即ち信用ある企業（正常先以上のゾーン、図表の左のゾーン）は申し込みする融資の内容に関し、それを詳細に問われることはありません。寧ろ「資金使途は何でも良いので借りてください」と金融機関が日参してくるケースです。場合によっては、資金使途などは金融機関の方で勝手に作ってくれます。

一方、決算書が悪くなってくると（要注意や破綻懸念のゾーン、図表の右のゾーン）、融資申し込みの都度、非常に煩く質問してきます。更に決算の数字が悪化、即ち破綻懸念や実質破綻のゾーン（図表の更に右のゾーン）になってくると、どんなに優良な、また正当な資金使途であっても、更にいうと担保があったとしても融資が断られるという事態に陥ります。

破綻先に関しては新規融資という事態がありえないので対象からは省きます。それ以外の債務者区分のうち、実質破綻先になってくると限りなく借入できるチャンスがなくなるとお考えください。

**②　決裁権限者**

大凡の金融機関は、債務者区分・企業規模（売上や自己資本額）・信用金額（担保でカバーできない与信金額）・融資期間等により当該支店長で決裁できる案件と本部へ申請しなければならない案件の区別がなされています。

ここも大きな特徴です。支店長で決められるのか、本部の審査セクションに申請するのかで、準備する資料が大きく変わってきます。

その他にも、数々の特徴があります。例えば、個別案件の判断に関して、金融機関の業態によって特性があります。メガバンクは資金使途を非常に重要視しますが、地域金融機関や政府系金融機関は当該企業の借入限度を重要視するという傾向があります。

### ③　金融機関による融資の検討ポイント

融資の資金使途は経常運転資金（折り返しを含む）・増加運転資金・決算賞与納税資金等の毎年発生する極短期的な資金・季節資金や工事完了までの繋ぎ等極短期的な資金・設備資金・M&Aや海外進出等の特殊なものとなります。

これに関しては、正常先でも業績が芳しくない企業でも、個別案件の検討ポイントはほぼ同様です。代表的なものとして、運転資金と設備資金を以下に示しておきますので、参考としてください。

なお、当然のことですが検討項目を網羅したものなので、正常先であるならばこれを全てクリアーする必要はありません。一方、要管理先や破綻懸念先なら、これ以上に詳細を問い質されるものと解釈してください。

# 2 運転資金の考え方

企業が攻めの経営を展開するには、増加運転資金が必要となります。

それを手持ちの資金で賄うことができれば良いのですが、どうしても資金が不足になる場合は金融機関から借り入れることになります。

因みに債務者区分が正常先であり、金額のロジックがしっかりした期間3年程度の均等返済での増加運転資金は円満に融資してくれるはずです。

まず、その際に新規融資の判断で最も重要なことは、増加運転資金発生の根拠です。売上の増加による資金需要なのか、収支ズレの変化による資金需要なのかということです。そこをベースとして、返済能力や担保、金利が更に検討項目として加えられるのです。

参考資料9　運転資金の新規融資の受け方

| | |
|---|---|
| 増加運転資金発生の根拠 | 1. 売上の増加による資金需要なのか、収支ズレの変化による資金需要なのか。<br>2. 売上が増加するのであれば、その理由は。無理な計画になっていないか。<br>3. 販売条件が変化するのであれば、その理由は。在庫や売掛の増加は要注意。<br>4. 品目や部門別、または販売先別の売上実績と今後の計画は整合されているのか。 |
| 返済能力 | 1. CF を勘案、月々の返済にするのか、一括返済にするのか。<br>2. 既存の借入に伴う返済も含めた年間の総返済額は当該企業の CF で賄えるのか。<br>3. 売上が増えることや収支ズレが変わることにより、CF は増加するのか。<br>4. 以上の点他諸項目を勘案し、返済期間をどの程度にするのかがポイント。 |
| 担保 | 1. 何等かの担保を新たに入れるのか、それとも信用で貸し出すのか。<br>2. 信用で貸し出すとすれば、その根拠は何なのか。<br>3. 新たに担保を入れるとすれば、その評価は。売掛金や在庫も担保として可能。 |

| | |
|---|---|
| | 4. 保証協会は活用できないのか。<br>因みに金融機関は保証協会の付与を最優先としている。 |
| 金利 | 1. 妥当な金利なのか。当該企業の債務者区分で示されている目線に納まっているのか。当該企業として総合採算は良好なのか。<br>2. 既存融資の金利に比べて妥当な金利なのか。 |
| その他 | 1. 他の金融機関との負担割合は妥当か。他行は引いていないか。<br>2. 新規融資することにより、金融機関として他の商売メリットは。 |

# 3 設備資金の考え方

金融機関に設備投資の借入を依頼する際、彼等がどのような点をチェックしているのでしょうか。これは、設備投資のリスクを見直す機会として捉えて頂いても結構です。

因みに設備投資といっても工場から店舗、そして例えば運送業がトラックを購入するのも設備の範疇です。種々のパターンがありますが、本書では工場をイメージしてください。但しどの業種も基本は同じです。

**【ポイント】**

① 製造業や運送業にとって設備投資は不可欠のもの。

但し運転資金等の短期支援と比べて金額も大きく貸出期間も長いので、金融機関は非常に慎重になる。

② 企業サイドにとっても損益分岐点を上昇させることになり、固定費増加が賄うことができない場合は無謀な投資ということになる（過剰設備投資の結果、窮境状態に陥るケースが非常に多い）。

③ 金融機関が融資する際の検討ポイントとして、貸出期間は減価償却期間内か、法定・経済耐用年数の範囲内なのか、設備稼働後の増加運転資金は確保できているのか等々であり、それに加えて担保面の有無等を考慮する。

参考資料10　設備投資の新規融資の受け方

| | |
|---|---|
| 設備の内容 | 1. 当該企業にとって既存業務の延長投資なのか、それとも新規分野なのか。<br>既存分野であるならば、現状の設備で対応できない事由は何なのか。<br>要は、“どうしても必要なものなのか”の判断となる。<br>2. 新規設備の生産能力はどの程度のものなのか。当社にとって過大なものではないのか。苦境に立たされている企業は、過剰設備投資の結果が非常に多い。<br>3. 新たな設備に伴う原材料の確保・調達は可能なのか。<br>4. 当該設備を稼働させる為の技術的な水準は維持・確保できるのか。<br>金融機関としては判断が付かないところではあるが、客観的な説明資料の提出が必要。<br>5. 環境問題に反するものにならないか。土壌汚染等は大丈夫か。近隣の反対はないか。<br>6. 労働力確保は大丈夫か。組合等の問題はないか。 |
| 設備投資<br>計画の効果 | 1. 業界環境（需給関係）を勘案、設備投資は妥当なものになっているか。<br>2. 設備投資に伴う新たな製品・サービスはすぐに陳腐化しないのか。<br>3. 同業他社が投資している場合、業界として二重投資に繋がらないか。<br>仮に同業他社が優位な場合は、当該企業にとっては無謀な投資となる。<br>4. マーケティング力は十分確保できるのか。<br>製造だけでなく、それをバックアップする自社販売力及び代理店等に問題はないのか。<br>5. 期待すべき利益の確保（投資対効果）は間違いなく確保できるか。<br>6. 設備投資するだけでなく、同時にコストダウンに繋げることはできるのか。 |

| | |
|---|---|
| | 7. 以上の効果を具体的な計数で把握できているか。またその計数に蓋然性はあるのか。<br>8. 設備投資のタイミングは外部環境・社内事情を勘案して、妥当な時期なのか。 |
| | ポイント 本来は妥当な原価管理実施状況（特に原材料在庫管理）をチェック（見直し）しなければならないが、金融機関はそこまでは一般的には目が届いていない。<br>金融機関が苦手なことの1つとして原価計算がある。一方、この原価計算次第で製造企業の利益は左右する。赤字になるのか黒字になるのかという違いまでになってくる。ここをしっかりと判断することが、借り手企業として最も大きな責務である。<br>金融機関から聞かれないとしても、当該企業はしっかりと判断しなければならない大きなポイントである。 |
| 企業体力 | 1. 資金の長期固定化に耐えられる自己資本比率になっているか。<br>2. 当該資産を担保とした場合、地価等が下落した場合は、代替担保はあるのか。<br>3. 状況が悪化した場合、資産売却や金融資産取崩し等により返済は可能なのか。 |
| その他 | 担保・金利・他の金融機関との関係等々は、運転資金とほぼ同様の考え方。<br>最も大きな違いは融資期間の取り方。上記の通り減価償却期間や経済・法定耐用年数の範囲内とするのが妥当ながら、10年を超す融資期間は実際のところはかなり難しい。<br>なお、以上は一般的なケースであり、例えば金融機関が担保として取っている設備に関する更新投資であれば、かなり緩めな判断となる。金融機関が取っている担保の毀損は金融機関としても避けたいところ。それをカバーする投資であるならば、金融機関としても受け容れざるを得ないのが本音。 |

## I　設備の内容と効果を金融機関に説明する方法

まず、設備内容の説明からです。ここは手順を踏むことが必要です。

- 当該企業にとって現状の業務の延長投資なのか、それとも新規分野なのか。
- 既存分野であるならば、現状の設備で対応できない事由は何なのか。
- 新規設備の生産能力はどの程度のものなのか。
- 当該企業にとって過大なものではないのか。
- 新たな設備投資に伴う原材料の確保・調達は可能なのか。
- 当該設備を稼働させる為の技術的な水準は維持・確保できるのか。
- 環境問題に反するものにならないか。
- 土壌汚染等は大丈夫か。
- 近隣の反対はないのか。
- 労働力確保は大丈夫か。
- 組合等の問題はないか　等々

**①　その設備はどうしても必要なものなのかの説明**

上記、項目の前半は「その設備はどうしても必要なものなのか」という金融機関の判断となります。

コロナ禍前より、窮境状態に立たされている企業の中にはリーマンショックの前後に過剰設備投資を行い、その返済で苦労している企業が非常に多いのです。それを繰り返したくないのは、企業も金融機関も同じです。例えばものづくり補助金では革新的な技術やサービスを求めていますが、金融機関にとってそれは二の次であり、母親が子供を心配するように心配します。また、どんなに威勢の良い支店担当者が「大丈夫です」と意気込んでいたとしても、本部の審査担当はこの親心のような心配をするものです。

### ②　金融機関職員が理解できないことの説明

次に項目の後半は金融機関の職員としては中々理解できない類のポイントです。

ここに関しては親子の立場が逆転します。今度は企業が親になります。親が子供を教えるが如く客観的な分かり易い説明資料の作成が必要です。金融機関を親とするならば、その親を心配させるような無謀な投資ではないこと、かつどんな設備投資なのかを分かり易く説明する必要があります。

専門用語や業界用語を散りばめた計画書は最悪です。金融機関に配慮するのであれば、子供でも分かる説明資料を作成することです。

## II　設備投資の効果の説明

- 当該業界の需給関係を勘案、技術革新がなくとも販売できる環境になっているのか。
- 設備投資に伴う新たな製品・サービスはすぐに陳腐化しないのか。
- 競合同業他社が先行していて、二番煎じに繋がらないか。
- マーケティング力は十分確保できているのか。
- 期待すべき利益の確保（投資対効果）は間違いないか。
- 利益を上げるだけの設備投資ではなく同時にコストダウンに繋げることはできないのか。
- 重要　製造部門だけでなく、それをバックアップする自社販売力及び代理店等に問題はないのか。

これには、以上の各項目に関して、その効果を具体的な計数で示すことが必要です。そして、それを見た金融機関の審査担当者に「無理はないな」という実感を抱かせることが必要です。

メーカーであれば何れかの時点で設備投資は必要になるはずです。そのタイミングも重要です。外部環境・社内事情等を勘案して妥当な時期なのか否かということになります。

## Ⅲ 「投資と収支計画」に関わる金融機関のチェックポイント

ここから少々難しくなります。

一般的に金融機関は、以下の事項をチェックします。

・現状における損益状況並びに財務内容に問題はないか。
・企業としての売上・利益計画に無理はないか。
・新規融資が必要となる設備に関して、減価償却の見合となる当該設備にてCFを間違いなく生むことが可能なのか（これは利益ではなくCF)。
・借入返済額は減価償却範囲内か。
・借入期間は減価償却期間の範囲内か。
・借入期間は当該設備の法定・経済耐用年数の範囲内なのか。
・新規設備により外注を内製化にシフトできないか（経費削減効果が利益計画に貢献できる)。

因みに当該設備に補修を加えて、当該設備の耐用年数を延ばす場合があり、その際に第三者によるしっかりとしたリエンジニアリングレポートが作成されることがあります。そうすることにより返済期限を延ばすことが可能なので、このような策も場合によっては検討すべきです。

次に２次的なチェック項目があります。

・計画通りの効果が確保できない場合のリスクを想定しているか。
・社内決定はカバナンスを経ているのか（例えば社長の独走で設備投資計画が為されようとしているのではないか)。
・設備稼働後の増加運転資金は確保できるのか、計画はそれを考慮しているのか。

以上をご覧頂くとすぐに気付かれると思いますが、チェックの主眼は利益と減価償却です。それが借入返済の原資だからです。

金融機関が融資するということは、返済できることを前提とします。

金融機関が法定減価償却を行っていないと「粉飾だ」と騒ぐ理由がここにあります。赤字になってでも減価償却を実施することにより、返済原資を確保できるのです。

なお、当該設備固有の償却だけで返済が賄えない場合、全社的な償却を返済原資として見てくれる等の柔軟な対応は採ってくれます。そもそもとして、当該設備に紐付く個別償却だけで返済するということは中小企業にとって中々厳しい面があるからです。

今までご説明した項目も絶対的なものではなく、金融機関との関係が良好であるならば更に柔軟な判断が期待できます。

### コラム　利益計画のベースとなる原価計算

専門家の士業の皆様に対するコラムです。

金融機関は左程チェックしませんが、場合によっては検討いただきたい重要なポイントとして、利益計画のベースとなる原価計算があります。

材料費も１つ間違えば利益が吹っ飛びますが、労務費にも注意してください。机上の見積値を用いて利益を管理している企業が多いのですが、見積値と原価の乖離が分からないまま窮境状態に陥る企業が結構あります。

「正確な原価計算なんて中小企業がやっている訳がないだろう」と言いたい気持ちは分かります。職人さんによっては熟練度の差がある上、機械によっても償却費も区々です。そんな中で正確な原価計算を算定するというのは無理があるところですし、中小企業にはそこまで求めるべきではないのかもしれません。

したがって、実働時間による加工賃を算出しろとまではいいませんが、労務費や製造経費に販管費を加えた簡単な原価のチェックは可能な体制とすべきです。

加えて、当該企業の既存事業とは異なる新規事業に進出する際の利益計画（原価計算）は、是非とも目を光らせることが必要です。

新規分野進出や新製品開発等々はどうしても背伸びする計画になりがちです。当該企業にとってノウハウが少ないと感じた場合や過去の経験値で計画を立てようとしている場合は、士業のネットワークを駆使して計画を精査することをお奨めします。

例えば新規事業に関する個別原価を、既存の事業に付替えするようなことは、本来はあってはならないことです。上場企業ではこれを粉飾と解釈することもあります。

金融機関が原価計算までチェックするとは思えませんが、だからこそ士業の専門家にはここに関して注目してほしいと筆者は考えます。

## Ⅳ 「担保や金利」等に関わるチェックポイント

設備投資に伴う資金調達を行う際には担保を差し入れる場合が多くあります。

【担保に対する金融機関の考え方】
- 新たに担保を入れて貰うのか、それとも担保無しで融資するのか。
- 担保を取らないとすれば、その根拠は何なのか。
- 新たに担保を取るとすればその評価はどうなのか。

（注）ここでは設備融資をテーマとして説明していますが、運転資金の融資でもほぼ同様です。

なお、保証協会の保証も金融機関にとっては担保です。

金融機関は兎に角、保証協会を利用しようとします。土地を担保に取っても、それを保証協会に優先充当するという手を採ることがありますのでご注意ください。

保証協会の保証は担保なしと考える方が多いのですが、場合によっては金融機関が付けた根抵当権なのに、保証協会の担保になっていることがあるのです（金融機関が保証協会に優先充当しているケースです）。

また、最近は ABL（アセット・ベースト・レンディング）という手法も増えてきました。売掛金や在庫、そして工場の機械を担保とする方法で、筆者はこれも良い金融スキームと感じますが、売掛や在庫を評価する際に結構の費用が掛かることがあるのでご注意ください。

また、売掛金に関しては商取引の相手に担保に取られることが明確に伝わることがありますので、その際の配慮も必要になってきます。

### ①　金利

これは、高過ぎず、また安過ぎないかという単純なことです。これ以外に、金融機関にとって重要なこととしては下記のポイントが挙げられます。

- 妥当な金利なのか。
- 債務者区分等で定められた各金融機関内部の規定目線に納まっているのか。
- 当該融資の金利判断だけでなく、その企業と未来永劫に続けられる総合採算（金融機関としてのメリット）は確保できているのか。
- 既存融資の金利に比べて妥当な金利なのか。

**コラム**

優良企業が融資を入札方式で各金融機関に競わせるケースをよく聞きます。

しかし、敢えてそのような入札方式に加わらない金融機関もあります。支店長を幾つか経験して筆者が感じることは、「他行に金利で勝って新規融資できた企業は、またいつか金利で他行にさらわれる」ということです。斯様に解釈する金融機関の職員もいるということです。

入札方式ですと、これではメインバンクを持つことは不可能です。より安い金利で資金を調達することは企業の経済行為として正しいことですが、長い目で見ると逆効果になる場合もありますのでこれもご注意ください。

## V 他の金融機関との負担割合は妥当か

これが最も重要なポイントです。

即ち「他の金融機関はその企業に対して引いていないか」ということでもあります。

どんなに支店の担当者が「ウチだけで融資させてください」と威勢の良いことをいっても、本部の審査セクションに稟議書を上げたら「1行だけで融資するのはリスクがある。やり過ぎである」といわれることが多いのも事実です。金額の大きい借入を行う際には、メインバンク・準メインバンク等への要請割合を十二分に検討してください。

## VI 金融機関内での融資可否決定

なお、金融機関は支店だけで融資可否を決定できるケースと本部に稟議を上げるケースの2つがあります。債務者区分をベースに、企業規模・非保全金額・融資期間等により支店決裁レベルか否かを定めています。この体制はどこの金融機関もほぼ同じです。

融資をお願いしたら、随分と時間が経ってからその金融機関から煩い位に追加資料を求められたと聞くことがあります。これは本部で決裁するケースです。そのような際は支店担当者が味方です。喧嘩しても仕方ないので根気よく追加資料を提出し、その担当者へエールを投げかけてください。

一方、厄介なのは支店で決裁できるのに「本部が承認しない」と嘘の言い訳で断ろうとするケースです。この対応を、金融庁は金融機関に対して厳しく諌めていますが、現場では使われているのも事実です。

## Ⅶ　その他特筆すべき特徴

例えば、金融機関の業態によっても検討過程で違いが出てきます。大手金融機関は資金使途を重要視しますが、地域金融機関や政府系金融機関は当該企業の借入限度額や損益分岐点を重要視するという傾向があります。

あと１点、例えばラブホテル等の公序良俗に反する業種・業界への融資は可能かといいますと、これはどこの金融機関でもハードルが高いのが本音です。

但し、金融機関が担保として取っている一般のホテルがいつの間にかラブホテルになった場合、その更新投資であればかなり緩めな判断となります。担保が毀損することは金貨融機関にとっても避けたいところです。

以上が設備融資に伴う金融機関のチェックポイントです。諸々のポイントを必要に応じて、根気よくチェックすることをお奨めします。

# 第11章 粉飾決算に対する考え方

筆者は立場上、多くの粉飾決算（税務上は仮装経理）を見てきました。

その背景や発覚した時はまさにドラマであり、それだけで小説を書けるものでありますが、本書では、極簡単に概観します。

コロナ禍により厳しい業績に陥るかもしれませんが、粉飾は回避するのが重要です。

content

2019年度辺りから粉飾決算発覚の新聞記事が増加しました。

これは黒字隠しではなく、悪い決算を良く見せて、金融機関からの追加融資を得ようという類の粉飾決算でした。

因みに、発覚した企業の多くはこの2019年辺りで始めた訳ではなく、10年以上も前から粉飾していました。

これは米中摩擦等で景気が落ち込んだため、発覚し始めたものでした。

コロナ禍の影響で大変な状況に陥ったり、また業績が戻らずに厳しい現実と向き合っている経営者が多いのかもしれません。

「決算の数字を変えてしまおうか」と悩んでいる経営者もおられるかもしれません。そのような方に、1つの参考として筆者の考え方を述べさせていただきます。

# 1 粉飾内容の傾向

まず、現実を認識していただくために、過去にどのような粉飾決算があったのかを説明します。

なお、金融機関の中には減価償却を対応していないことを粉飾と指摘する職員もいますが、本書ではそれを粉飾とはしません。

## I 粉飾の手口

粉飾の手口として多いのは架空売上と架空仕入れです。

一般的には売上（売掛金）の過大計上と仕入れ（買掛金）の過少計上になります。中には借入に伴う入金を売上高としてその返済を仕入高に計上している場合もあります。なお、経営者個人から会社に貸し付ける場合、売上として粉飾し易いという現実があります。

加えて、特徴ある手口としては、子会社や関連会社・同業他社との融通手形による交互の資金調達や循環取引という古式豊かな方法も現実にありました。そのような手口を続けていたものの、相手方の会社が法的整理となり、それに対処するために架空の売掛金や前渡金に振替えることで更に粉飾を深めた企業もありました。

なお、以上のように悪意性の高いものは別にして、原価の簿外処理や在庫廃棄の未計上、そして販管費の繰延べにより利益捻出が典型的なやり方になります。

## II 粉飾を行ってきた期間

追跡調査する限り、調査可能な期間を上回る過去より対応していたケースが殆どで、多くが 10 年以上に亘ります。

## III 粉飾の目的

債務超過に陥ったことにより金融機関からの資金調達が困難になることを

避けるためのものが最も多いケースです。

その他として多いのは、業績悪化により行政からの許認可取消しを回避するためのもの、また、ショッピングセンターにテナントとして入る専門店が他の同業との競合上、決算を良くして出店の際により良い売り場を割り当ててもらうことを目的とするケースもありました。

## Ⅳ 首謀者

社長自身が多いのですが、残念なことに士業の先生が絡むことがあったのも事実です。粉飾を行う際の社長の思いとして、最初は「この程度なら…」というものが多く、これは犯罪者の心理に似通っています。最初の切っ掛けは小さなものが殆どであり、初期のころであれば正常な決算に戻すことか可能だったものの、それが不可能となり最後は泥沼化します。

なお、粉飾の発覚については、金融機関等による指摘があったとしても経営者がそれを認めることは少なく、最終的に経営者がすべての手口を語るのは資金繰り破綻のときということが多くあります。

纏めますと、以下が特徴だと筆者は考えます。

- 手口は様々。
- 初期段階では経営者の罪の意識はなく徐々に麻痺していくこと。
- 場合によっては士業等専門家から金融機関対策として誘導されることがあること。
- 資金が回らなくなると自白するが、資金繰りが続く限りはやめないこと。

# 2 粉飾決算時の金融機関対応

## Ⅰ 長い期間の粉飾は発見困難

粉飾の手口として外せないのが、金融機関ごとに決算書を変えるやり方です。

かなりの数の金融機関があっても粉飾し続ける管理は相当なものです。一方、金融機関としては同業である金融機関同士の情報交換が独禁法的なニュアンスより厳しく戒められているので、粉飾を疑ったとしてもそれを断定できるケースは少ないようです。なお、一部に信用保証協会を利用する際に発覚することがあります。

金融機関もそれなりに粉飾解明用の手法を探求していますが、非常に単純な手口であっても長い期間の粉飾になると、期間で平準化されてしまい、直近数年間のPL・BSを並べても発見困難なようです。

## Ⅱ 粉飾が発覚し、断定された場合の金融機関の対応

当然のことながら、金融機関の態度は急変するのが一般的です。会社を整理する際に連帯保証を免除する経営者保証ガイドラインの制度がありますが、それを利用することも反対という金融機関が出てきます。

## Ⅲ リスケ計画策定の中で粉飾が発覚した場合

リスケ計画を金融機関に提示する際、経営者による粉飾が発覚したとすれば、現経営者が社長業を続けることはまず不可能と考えるべきです。

代表者交代を計画に織り込むか、第三者による厳しいガバナンス体制を構築する必要があります。因みにこの第三者によるガバナンス体制として、よく使われる手法は弁護士による経緯の取り纏めと今後の対応策を示唆する報告書を弁護士から金融機関に提出する方法です。経営者や会社と関係のあった税理士等の報告書では有効にならず、会社や顧問税理士とは全く縁のな

かった第三者による金融機関宛報告書が求められるのが常です。

今後リスケ計画を策定する中で、数年後になって2019年度と同様に多くの粉飾が発覚するかもしれません。

発覚した場合は、上記のような第三者を交えた対応策を検討しなければならず、大変なことになってしまいます。

最も重要なこととしては、やはり粉飾に手を染めることは回避すべきだということです。

# 第12章 企業再生における抜本再生策について

リスケでは対応できないような重い業績に陥った場合でも、法的な事態に陥らずに私的再生の範疇で対応できる策もあります。

本章ではやや下火になりつつあるDDS、そして積極的に活用される第二会社方式という手法、このコロナ禍で新たにスポットライトがあたった資本性劣後ローンを説明します。

content

コロナ禍の影響に対して、国をあげて資金繰り支援を行ったことは、大変素晴らしいことでした。

但し、リスケのみで対応するとなると、例えば、生産性向上に資するNew Moneyの借入は難しいかもしれません。返済猶予や返済額の減額というリスケ対応している企業に対しては、中々融資されないものです。これでは先細りのみで、確たる成長戦略が描けないことになります。

しかもコロナ禍以外の窮境要因があった場合、更に先細りになるかもしれません。そのような場合には、リスケ策を上回る更に踏み込んだ企業再生、即ち抜本的な再生が求められることになります。

## Ⅰ　抜本的な再生とは

実は、私的再生に関する抜本策は意外と少ないのです。

・DDSと呼ばれる資本と見做される借入金の活用
・第二会社方式による債権カット
・再生ファンドによる支援

主な策としてはこの３つ程度です。

何れもハードルが高いのですが、出口戦略を勘案した場合、第二会社方式による債権カットと絡ませた事業譲渡や吸収分割等が非常に有効な手法となります。

なお、DDSの手法に関しては資本性ローンという手法と紛らわしい状況になっていますので、そこは後程にあらためて説明します。

## Ⅱ　第二会社方式

### ①　スキーム

簡単に説明すると、財務状況の悪化した会社や過剰債務を抱える会社から、現在及び将来において収益性の高い魅力あるGood事業と通常の商取引を別の会社に受け継がせ、過剰債務と不採算のBad事業や足を引っ張る勘定科目（回収できない売掛金や実態の無い在庫等）は元の会社に残して、その会社を特別清算や破産手続きなどによって整理するというスキームです。

なお、元の会社の債権者には事業譲渡代金を配分することになります。

この事業譲渡代金が入ることにより、破産等の事態より有利になるのであれば、債権者は納得します。これを**第6章**で説明した私的再生で対応することにより、一般の仕入れ先等には何等一切迷惑を掛けず、金融機関にのみ債権カットして貰うという手法です。

**②　ポイント**

Bad部門を抱える元の会社は破産や特別清算の手続きによって整理されることになりますので、金融機関はGood会社に受け継がれない債権を放棄することになりますが、それでも破産した際よりは回収率が上がるということが最大のポイントです。

この第二会社方式は、M&Aとして行われる会社分割や事業譲渡と似ています。M&Aによる会社分割は債権者に同意を得る必要がないものの、例えば、実質債務超過であれば事業の再生計画を提示するとともに、債権者の同意を得ることが必須となります。この債権者の同意を得るステップが簡単ではなく、我が国では未だ一般的なスキームにはなっておりません。しかし、徐々にでありますが増えていることも事実です。

**③　ネックとなる点**

最も多いのが、コロナ禍による影響で当該企業の事業資質（稼ぐ力）が算定できない状況に陥っている場合です。スポンサー（買い手）に関しては、この機会をより良い局面（安く企業買収できる局面）と捉える傾向があり、相応の買い手ニーズはBeforeコロナと変わらない模様です。

悩ましいのは、公租公課が溜まり続ける事態です。この第二会社方式というスキームでは新会社に公租公課を移すことができないので、破産するしかなくなりました。

Bad会社を処分する際、特別清算で対応するのであれば問題ないのですが、破産になると管財人が管理しますので、この手法において様々な問題を指摘されることになります。

但し、有効な策であることに変わりはないため、この章では抜本的な金融調整案としてこのスポンサー型第二会社方式による債権カットの方法を紹介していきます。

## Ⅲ 再生ファンドによる支援

第二会社方式の説明に併せ重要な手法を説明しておきます。ファンドによる企業再生です。

ファンドは国債等の公債を指す用語でしたが、今では投資家から資金を集める組織と、その一連の投資行為を指すようになっています。目的は投資された企業の価値向上によりリターンを得ることで、リーマンショックの後は下火になっていました。

この手法を再活用しようという動きが出ています。ファンドはNew Moneyによる積極的な投資を行いますので、技術力等がある企業の再生を加速度的に進めることが可能です。

リーマンショックの際に顕在化した問題は企業の過剰投資でした。業績が好調な際に積極的な設備投資を行い、そこで一気に景気が冷え込んだので過剰設備やそれに伴う大きな債務が問題になるのは当然です。

リーマンショック後の中堅・中小企業は過剰投資におびえた結果、前向きな投資が為されず、多くのリスケ企業が経費削減で乗り切ってきました。それにより、生産設備は古いまま、観光地のホテル・旅館もリニューアルされないままとなったケースが増えました。

このコロナ禍により生産性向上や再編を促す大きな動きがあり、事実、コロナ禍で影響を受けた中小企業に対して、政府は官民連携のファンドを立ち上げて債権買取りや出資等を行い、また経営改善に伴うハンズオン支援（経営に長けた専門家の派遣）も行うことを表明しています。

但し、この動きは2021年の後半からになると目されています。

重要なことはこの波に乗るためにもやはり計画が必要だということです。ファンドからの支援が得られる可能性は決して大きくありませんので、何度も何度も計画を描き直しブラッシュアップすることが必要です。そのための第一歩として、まずは自ら手を動かして計画を練ってみては如何でしょうか。

金融機関にとって破産等より経済合理性を確保できるとはいえども、抜本再生策は相応の痛みを伴うものになります。但し、金融機能強化法が継続されていますので、国による方針次第とも考えられます（**第9章3のⅢ**「金融機関の再編」を参照してください）。

この手法が有効的なものであることは事実であり、現在は件数が少ないものの、国として本格的に進めるのなら話は変わってきます。

なお、この手法を進めるには専門家への報酬等相応の費用が発生しますので、小さな企業には向かない状態になっております。

日本はダウンサイジングの歴史でした。真空管からトランジスタへ、トランジスタからICへ、そして今やLSI等の集積回路であっても単なる安価な部品です。

企業再生の世界でもそのような変革が必要であり、中小企業でも機動的に活用できる体制とすることが必要です。

# 1 スポンサー型第二会社方式の進め方

筆者が今後加速されるのではないかと感じているのが、この新たなスポンサーを招いた上で第二会社方式にて過剰債務を削減させる動きです。

債務超過に陥った企業のすべてがこの手法により過剰債務を削減できるとは思えませんが、技術やブランド面で高い事業性を持っていること、そして地方創生等でかけがえのない企業と判断されるのであればこの手法は打って付けです。そのような背景で加速されるものと確信しています。

ところで、手法や意義は分かる、でも金融機関が受けるのか、債権カットするのかと疑問に感じる方がおられると思います。それも事実で、この手法には金融機関は頑なに抵抗します。

一方、金融機関としても受けざるを得ないケースもあります。そのポイントは以下の３つです。

・スポンサーが対価を払っても良いという企業価値があること。
　＝金融機関としても認める企業価値があること。
・金融機関にとって経済合理性があること。
　＝法的再生より私的再生とした場合の経済合理性が高いこと。
・金融機関が当該企業の債務者区分に基づき引当金を十二分に積んでいること。

## I 支援する各士業の役割分担

第二会社方式による債権カットは法律と税務の知識が非常に重要になります。そこで、各種士業が連携することになります。夫々の役割分担をご説明しましょう。

① **弁護士**

最重要となるのが弁護士です。

第二会社方式の場合、スポンサーや金融機関との権利交渉が伴います。これを税理士等が担うと非弁行為に抵触する懸念があります。したがって、まず弁護士を立てる必要があります。

実務的にも弁護士が士業連合の司令塔になるケースが殆どで、秘密裏にスポンサーを選定するプロセスを管理、守秘義務契約の指南、スポンサーが固まった後の各種契約書も弁護士が管理します。

その知識を有する弁護士が必須なのですが、このノウハウをお持ちの弁護士の方が我が国には非常に少ないという実態があります。

金融機関との交渉も一種のノウハウが必要ですが、スポンサーのみならず場合によっては社員との交渉、そして経営者への腹落ち説得等々かなり高度かつ特異な知識が必要であるため、私的再生での第二会社方式を何度か経験した弁護士にリードしてもらうことになります。

② **税理士**

単純な面では旧会社を清算する際の税務申告手続きが必要となります。

一番厄介なのは第二会社方式を利用することによる債務免除益の扱いです。ここは税務当局から異論を問われるケースが多く、慎重に検討しなければなりません。

③ **会計士**

スポンサーを募るには企業価値を明確にしなければなりません。

この企業価値を算定するのが会計士となります。

BS上の各勘定科目を精査して当該企業の静態価値を定めること、そしてPLに基づいてその企業の稼ぐ能力を見極めることも必要です。稼ぐ能力は一般的にDCF（ディスカウントキャッシュフロー）で算出しますが、この手法も会計士なら誰でもできるというものではありません。

やはり弁護士と同様、この手法を何度か経験された会計士が必要です。

## Ⅱ 各士業の出番

一般的なケースで第二会社方式を進める流れと共に各士業の出番を説明します。

### ① 財務 DD

第二会社方式で抜本策を進めるとなると、まず対象会社のDDが必要です。財務・事業・法務・不動産等々の観点からのDDが必要ですが、中堅・中小なら財務のみのDDでも可能でしょう。そこは会計士が中心となります。

### ② スポンサー探索と交渉

ここは前述のとおり、弁護士が中心となりますが、場合によっては専門の業者を使うことも可能です。財務代理人、略してFAと呼ばれる方達です。

### ③ 債権カットを要請する計画の作成

スポンサーが決まれば、金融機関へ債権カットを要請する計画（配当案を含めた計画）の作成となります。ここは弁護士と会計士の連携が重要です。

大前提として、営業権の譲渡を金融機関に了解なく譲渡するとなると詐害行為になりますので、フライングは避けねばなりません。手順が重要なので、ここに最も注意してください。

そして、経済合理性等を前面に出して金融機関を納得させることも重要であり、これは破産配当より上ということですが、このような局面において諸々の交渉力が必要になります。

### ④ 旧会社の清算

主に弁護士と税理士が協働します。一般的には特別清算で対応することになりますが、そこでも問題が起こることがあるので注意が必要です。

以上の流れの中で労力を最も要するのはスポンサー及び金融機関との交渉です。中堅以上の企業ですと買い手となるスポンサーサイドもFAを付けてきます。数々の交渉に漏れのない契約書が必要ですが、契約書を作成できる段階にまで持っていくことこそが大変なのです。

そして、スポンサーにとってどんなに魅力ある企業であっても、例えば、年商以上の借入がある場合、「それを全額背負いましょう」というお人好しのスポンサーは少ないものです。

ある程度の金融機関債権放棄は必須です。

債務超過に陥った過剰借入の企業をスポンサー付第二会社方式で私的再生させる難しさは、ここにあります。

少し分かり難い分野ですね。なお、1点だけ追記すると、業績が厳しくなった企業のM&Aは事業承継の専門家より企業再生に長けた専門家であることが必要です。

そして最も重要なことに、すべてを1人の専門家が手掛けることは難しいので、このスキームはノウハウを持った士業が連携して対応することが必要なのです。

# 2 経営者責任と事業承継

第二会社方式による過剰債務削減策、金融機関の債権カットには、経営者責任が必ず求められます。

金融機関からの借入を免除されたら、どのような責任を果たさねばならないのでしょうか。考えるだけでも恐ろしくなります。担保に入っている自宅は勿論のこと、すべて身ぐるみを剥がされるのでしょうか。

いえいえ､意外とそうではありません。まずはその原理原則を説明します。

## Ⅰ リスケに伴う経営者責任

リスケの経営者責任は役員報酬削減か私財提供が殆どです。役員報酬削減は「報酬を下げて金融機関に返済する」ということです。経営者の方にとっては厳しいことですが、異論ないと思います。

それが更に当該企業の症状が重くなると、次は退任を迫られます。窮境要因を作った立場として、社長に責任があるケースが多いのも事実です。

ところが、昨今の課題として、責任をとって退陣するとしても後任がいないというケースが多々発生しています。ここがリスケに伴う経営者責任の最大の矛盾です。

## Ⅱ 債権カットを伴う第二会社方式の経営者責任

債権カットを伴う第二会社方式の場合にはリスケ以上に経営者の責任は大きく､徹底的に追及されます。その考え方は大多数の金融機関がほぼ同じで､やはり退任が原則です。

金融機関が判断するポイントは、下記です。

・窮境原因を作り出したのは誰か。

・現経営者が残るのであれば、残ることができる理由は何なのか。

・そして、残ることをメイン金融機関やスポンサーは認めているのか。

技術を持った社長ですと、役員にはなれないものの工場長等の肩書での継続雇用をスポンサーが主張することがあります。

事業承継の観点からもこの第二会社方式による承継は最上の方法です。

リスケを繰り返すような企業では、経営者の子息であっても事業を承継したいとは思いません。第三者、例えば右腕と期待する社員に継がせようと考えても、金融機関から連帯保証を要求されるとなると、その社員は尻込みするものです。

ところが、第二会社方式により過剰債務がカットされるのであれば、一気にその問題は解決します。これは大きなメリットです。

金融機関が債権カットしようと判断することがあるのは、事業性があり地域にとっては必要な企業です。そのような企業であれば、事業承継も上手く行くということです。

## Ⅲ　経営者保証ガイドライン

最後に、経営者責任に関しては経営者保証ガイドラインが重要な役割を果たします。2013年12月に制定され、徐々に拡がってきました。

現在のところでは優良企業に対して経営者の連帯保証を外すケースが一般的です（詳細は**第4章**の「経営改善計画における金融機関とのチェック事項」のXXを参照してください）。

但し、窮境状態に陥った企業の利用も徐々に増えています。再生するにしろ清算するにしろ、その連帯保証を外すケースです。

中小企業が年々減る中、やる気ある経営者が再起を挑む際、過去を清算することはとても良いことです。また、年老いた経営者が余生を送るのに生活費を確保する為にも打って付けです。

何より良いことは、債務が相続の対象にならないことです。このように第二会社方式で過剰債務をカットし、連帯保証をガイドラインで外す策は私的再生として最上のスキームだと思います。

# 3 スポンサー型第二会社方式の具体的なやり取り

この項では、事例を挙げて「債務超過企業の場合はどう承継するのか」を紹介します。物語風にしています。

これは、事業性はあるが過去に過大な設備投資を行った結果、年商以上の借入があり、そして実質債務超過なので金融機関からは新たな借入もできない企業の話である。

その会社の社長であるA氏の年齢は70歳。定年が無いことは良いことだと思っていたA社長だが、サラリーマンだった同級生がリタイアし、人生を楽しんでいる姿を見て、羨ましく感じていた。

そこで、A社長は事業承継を考え、顧問税理士（以下、先生）に相談した。

先生＜ 一般論ですが、事業承継はBSが資産超過なのか債務超過で変わります。
但し、注意すべきは、それは簿価では判断できないということです。回収できない売掛金があれば減額し、会社が所有する不動産に含み損があるのなら、それもマイナス修正する必要があります。
その上で承継を考えます。
まず、最悪のケースとして誰も継いでくれる人もなく、会社も売れなかった場合には廃業するしかありません。その際、資産超過なら通常の清算手続きですが、債務超過であるならば破産となります。破産で厄介なのは連帯保証です。
また、金融機関からの借入を完済できなければ、破産手続きを選択することになりますが、ある程度の年数を掛けて返済できるのであれば分割弁済（任意整理）、一部返済できるのであれば個人再生手続き（民再の個人版）を裁判所に申し立てることができます。個人は法人よりバリエーションが多いのです。
更に新しく加わった手法が経営者保証のガイドラインです。

先生は流暢に答えた。

しかし、A社長もその程度のことは同業者から聞いていた。同業も債務超過であったが上手く会社を売却し、しかも債務は完済できなかったが連帯保証を外すことができた上に自宅も残せたと聞く。

それを知りたかった。先生は更に続けた。

先生＜ 社長、暗い顔しないでください。社長もご認識しているとおり、御社のBSは簿価プラスですが実態は債務超過ですよね。但し、営業利益はしっかりと出ています。
事業性から逆算して企業価値を算出し、会社を売却することが可能なのです。

ところでA社長には1人息子がいたが、大手企業に勤務しており会社に戻ってくれる目途はない。また、右腕と期待していた社員に会社を譲ろうとしたが、連帯保証額の大きさにその社員の奥様が猛烈に反対した。

身内や社員の中では後継ぎが見つかりそうもなく、会社を売却しようと気心知れた資産家の友人に密かに打診したのだが、やはり借入金の大きさにその友人は尻込みしていた。A社長は先生に聞いた。

社長＜ 先生、その手法ですが、ネット等で調べてもよく分からないのですよ。

先生＜ 単純なことです。実は、社長がご友人に会社を引き取って欲しいと頼んでいたことを知っていました。
でも、年商以上もの借入があると、普通は手を引きますよね。だからその借入額を買い手候補様が納得できるまで金融機関に引き下げさせるのです。

社長＜ それは金融機関に債権額をカットさせるということですか？
そんなことができるのですか。破産するのなら金融機関は納得せざるを得ないと思いますが、社員や取引先に迷惑を掛けたくないし、何よりそんな惨めな人生の結末は迎えたくないのです。

社長は慌てて聞いたところ、先生は続けた。

先生＜ 破産は法的再生ですが、私的再生の範疇で対応します。そうすれば長年お世話になった売り先や、大事な社員が路頭に迷うことはありませんからね。

先生は夢のようなことをスラスラと答えた。

A社長が拘ったのは、金融機関がそんなことを聞くのかということである。先生は続けた。

先生＜ 社長、その苦渋に満ちたお顔は何ですか。大丈夫ですよ。
金融機関は、破産した時の配当率より私的再生で回収した回収率の方が高い場合、話を聞くかもしれないのです。

A社長は思った。取引先に迷惑掛けず、金融機関にとっては破産より経済合理性が高く、そしてスポンサーとしての投資額も低くなる・・。これなら以前に打診した友人にもう一度相談できるはずだ。

A社長の顔がニヤッとした瞬間、先生からすかさず発言があった。

先生＜

社長、でも相談する順序が大事ですよ。
金融機関を後回しにすると、詐害行為として訴えられます。
話を進めたいのなら、私の知っている企業再生の得意な弁護士を紹介します。
社長が古くからのご友人に声を掛けたことは存じ上げておりますが、金融機関にとってはスポンサー候補の選定方法も重要なのです。
更に大事なのは妥当な価格で社長の会社を買ってもらわないと、税務上もまずいのです。

A社長は顧問税理士の先生にお願いして、この分野に精通した弁護士を紹介して貰うことにした。

以上、短いケーススタディですがポイントはお分かりでしょうか。

債務超過で借入が大きくて承継できない会社でも、事業性があれば何とかなるかもしれないということです。

# 4 DDSと資本性借入金について

リスケ策を上回る更に踏み込んだ企業再生、即ち抜本的な手法としてDDSと呼ばれるものがあることを記しました。

実はこのDDSと似て非なる手法がコロナ禍により登場しています。資本性借入金というものです。ここではこの2つをその違いも含めて説明します。

## Ⅰ 基本的となる3つのポイント

### ① 債務者区分を上げて新たな融資を受けられるようにする

新たなビジネスの柱を立てる場合に、その柱を加速度的に育てるためには健全な投資が必要です。それには新たな融資を受けることができる債務者区分にすることが第一です。

### ② 一定期間内に債務超過を解消する

新たな融資を受けられる債務者区分にするには、原則、債務超過であってはならないということです。担保の有無より、まずは債務者区分が正常先であることが肝要です。

更に重要なこととして仮にコロナ禍により一時的に債務超過に陥ったとしても、それを金融機関の目線に納まる一定の期間で解消しなれければなりません。

### ③ DDSも資本性借入も借入金であることに変わりはない

DDSも資本性借入も借入金であることに変わりはなく、前述した第二会社方式による過剰債務削減策、即ち金融機関に債権カットしてもらう方法に比べれば、抜本的な手法とはいえません。ここをよく認識しておいてください。

## Ⅱ 債務超過解消期間が実抜と合実に納まる経営改善計画か否か

まず、債務者区分のポイントを整理します（詳細は**第7章**の「金融機関の債務者区分」を参照してください）。

金融機関から破綻懸念先とレッテルを貼られないようにするには、コロナ禍により債務超過に転落したとしてもそれを一定の期間で解消することが必要です。金融機関が使う用語に下記があります。

| | |
|---|---|
| 実抜 | 実現性の高い抜本的な経営改善計画<br>（実質債務超過解消期間が 5 年以内） |
| 合実 | 合理的かつ実現可能性の高い経営改善計画<br>（同解消期間が 10 年以内） |

この実抜と合実に納まれば、健全な投資に繋がる融資を金融機関に依頼することができるということになります。

中小企業なら 10 年以内に解消すればよいのです。

但し、細かくいえば、これ以外にも必要なチェック事項があります。例えば、運転資金に相当する融資以外の借入金を何年で返済できるか等々の縛りもあります。

一方、基本はまずこの債務超過解消期間がこの実抜と合実に納まる経営改善計画か否かが重要なことになります。

## Ⅲ　DDS と資本性借入金

債務超過を埋めるためには利益を残して貯えを増やすしかありません。PL を改善するしかないのです。

何か画期的な営業改善策を考えなければいけないのかと、経営者の皆様が悩むところです。PL 改善策として突拍子もない奇策を考えたところで、その計画をチェックする金融機関の担当者はそれを信じません。

そこで PL 改善策とは異なった手法として、債務超過を埋める策が考えられました。それが借入金を資本に見做しましょうという、DDS と資本性借入金です。

そのような ルールを定めたのは金融庁です。

### ① DDSと資本性借入金の違い

| 項目 | DDS | 資本性借入金 |
| --- | --- | --- |
| 誰が対応できるのか | 全金融機関。但しメガバンクは対応しない傾向がある。 | 原則として日本政策金融公庫・商工組合中央金庫の政府系金融機関。 |
| 借入金としての特徴 | 原則、既存借入金の期間を延ばすという考え方。 | 新たに融資する際、それを資本性として見做すという考え方。 |
| 公平性 | 原則はすべての取引金融機関に対応して貰う。したがって、高い公平性を求められる。<br>メインバンクのみで対応するものではない。 | 政府系金融機関が支援したとしても、DDSのような高い公平性を求めるまでのことはしない。 |
| 金利 | 0.4～1.1%を原則として、そこに事務コストとしての金利分が載せられる。 | 期間によって区々だが、債務超過が解消すれば金利が上がるルールになっている。 |

### ② DDSと資本性借入金の共通の特徴

・借入期間は同様の考え方で、5年から20年程度までと非常に幅がある。
・融資期間が満期となった際に一括で返済するルール。

この2つの金融スキームにあまり馴染みがない方が必ず驚くのは、融資期間が満期となった際に一括で返済するルールです。この期限一括返済ですが、日々の会社経営という観点では返済を気にしなくて済みますのでありがたい制度ではあります。

但し、筆者の個人的な意見としては、返済時期に多額の現預金を準備しておく必要がありますし、そもそも期限に返済できなければ、そこで会社の命運が尽きることにもなるので、会社経営という観点からはあまりお勧めできません。

### ③　資本と見做すルール

例えば、融資期間を15年とした場合には、残りの5年間で融資総額の20%ずつを毎年減算していきます。

1億円のDDSや資本性借入金を得た際、10年間はその総額を資本として見做していいのですが、11年目には8千万円、12年目には6千万円、13年目には4千万円、14年目には2千万円、そして期日の15年目には資本として見做せるのはゼロになります。

注意すべきこととして、この制度は期限一括返済なので、その11年目から15年目までの間で返済はしないことがあります。あくまでも返済は15年目であり、そこで一括返済することになるので資本として見做せる融資残高が減るということだけなのです。

長期の計画を立てる際、資本として見做せる残高に注意する必要があります。

# 5 DDSとは

## I DDSの定義

DDSとはデット・デット・スワップ（Debt Debt Swap）の略称です。漢字ですと「資本性借入金」になり、コロナ禍で登場した資本性借入金と区別がつかないので一般的にはDDSと呼ばれています。

一言で表現すると固い表現になりますが、「債権者が債務者に対して有する既存の債権を、別の条件による債権に変更すること。その上で、変更後の債権はその他の債権よりも劣後する」になります。

## II DDSの制度

制度としては商工組合中央金庫が2004年3月に実施したのが第1号です。

2004年前後は円ドル為替レートが乱高下し、景気に急速な減速感が出てきた頃で、厳しい世相でした。そこで、債権放棄に代わる再生スキームとして活用することを目的として制定されたものがDDSでした。

例えば、地方の金融機関がある一社で債権放棄を行うと、他の企業が我も我もと主張するリスクが発生します。また、金融機関としても債権放棄が続くとその金融機関の体力も蝕むものになります。そこで債権放棄に代わるものとして活用され始めたのです。

債権放棄に伴う債務免除益課税の問題も発生しませんし、またDDSであれば債務者区分が劣化した企業への新規融資でもないので、寧ろ金融機関にとっては対応しやすいものでもありました。

そして、利用する企業にとって打って付けなのは、長期借入金となり前述のとおり返済は期限での一括になりますので、何より資金繰りが楽になりますし、一般的には金利負担も下がります。

## Ⅲ　DDSの条件

なお、資本と見做してよいとしたのは金融庁ですが、ここに一定の条件があります。

当時の金融検査マニュアルでは、下記が確保できるのであれば、「十分な資本的性質が認められる借入金」と見做せると示唆したのです。

① 原則として「長期間償還不要な状態」であること。
② 具体的には償還期間が5年を超えるもの。
③ 原則「期限一括償還」(但し長期の据置期間設定でも可)。

資本であるならば、赤字の際には配当しないということが前提になりますので、金利も非常に低く設定されました。なお、配当云々より重要なこととして、「法的破綻時の劣後性」があります。

## Ⅳ　DDSが金融機関から支援されなかった決定的な欠陥

資本と見做してよいということになりますが、期間が長いということは金融機関にとってアセット・ライアビリティ・マネジメント（Asset Liability Management、略称ALM）という資産と負債の管理において期間そのものに大きなミスマッチが起きるのです。通常の市中金融機関は預金という期間の短い原資を前提とした融資になりますので、DDSが一般的とする10年間以上に亘る融資期間となると期間のミスマッチが起こり、全世界的な流れのバーゼルⅠ～Ⅲの考え方（**第5章**の**5**を参照してください）には沿わなくなるという意見があり、近時はあまり拡がっていないのが実情です。

# 6 政府系金融機関による資本性劣後ローンとは

民間の金融機関がDDSを対応したがらないのならどうするのでしょうか。

そこで政府系金融機関である日本政策金融公庫や商工組合中央金庫の資本性劣後ローンの登場です。これも相応に過去からあった制度です。コロナ禍によりカムバックしてスポットライトが当たりました。

## I 資本性劣後ローンの背景

日本政策金融公庫では、新型コロナウイルス感染症対策挑戦支援資本強化特別貸付（新型コロナ対策資本性劣後ローン）という名称で呼ばれています。

商工組合中央金庫では単に新型コロナウイルス感染症特別貸付（資本性劣後ローン）です。何故このように名称が長いのかというと、既に挑戦支援資本強化特例制度（資本性ローン）という制度があったからです。

元々は企業再生を目的とするものから、新規開業から新事業を支える融資とした広い目的を持った制度融資でしたが、このコロナ禍によりその制度を変えたものが登場しました。

コロナ禍に伴う資本性ローンは過去のものと融資期間や金利が微妙に違うので、注意する必要があります。詳細は当該ホームページをご覧ください。なお、ここからは両金融機関によるこの制度融資を、「資本性劣後ローン」と呼びます。

## II 資本性劣後ローンの対象者

さて、この資本性劣後ローンは、企業サイドの利用者にとっては中々良い制度に映ります。ここで、企業経営者が気になることは、この融資制度が利用できるのか否かということでしょう。これは2020年の8月から始まった歴史の浅い制度なので、何ともいえないというのが本音です。個別に各金融機関の窓口で相談していただくしかありません。

なお、政府系金融機関の内、最も国内で窓口が多い日本政策金融公庫国民生活事業の説明では、利用できる方を以下と定めています。

①J-Startupプログラムに選定された企業（注1）又は中小企業基盤整備機構が出資する投資ファンド（注2）から出資を受けた方
②中小企業再生支援協議会の支援を受けて事業の再生を図る方（注3）
③原則として認定経営革新等支援機関（認定支援機関）（注4）の指導を受けて事業計画を策定した方であって、かつ民間金融機関等との協調支援（注5）により事業の発展又は継続を図る方

（注1）J-Startupプログラムに選定された企業は、J-Startupホームページから確認できます。
（注2）主に「起業支援ファンド」又は「中小企業成長支援ファンド」に分類される投資ファンドから出資を受けた方が対 象となります。 お客さまが出資を受けている投資ファンドが、中小機構が出資しているかどうかについては、中小企業基盤整備機構「出資ファ ンド検索システム」からご確認いただけます。検索の結果、対象になるか不明な場合は、支店の窓口までお問い合わせください。
（注3）「新型コロナウイルス感染症特例リスケジュール支援」又は「再生計画策定支援」を受けている方に限ります。
（注4）認定支援機関は、以下のサイトから検索することができますのでご確認ください。
◆金融機関以外は中小企業庁のホームページより
◆金融機関：金融庁のホームページより
（注5）原則として、民間金融機関等が日本公庫の融資に合わせて、又は融資後一定の期間内に、新たな融資を行うことをいいます。

ホームページやパンフレットの最後に「審査の結果、お客さまのご希望に沿えないことがございます」と記されています。これは、どの金融機関のパンフレットにも記されていることなので、一般的なものと解釈できます。但し、通常の借入よりも数段ハードルが高い融資であることを明確にお伝えしておきます。即ち、やはりしっかりした経営改善計画が必要なのです。

## Ⅲ　どのような計画が必要なのか

商工組合中央金庫のホームページでは以下のように記されています（商工中金は日本政策金融公庫とは異なり、過去からの取扱いはありません。このコロナ禍が初めての対応となります）。

【資本性劣後ローンのご利用の前提】

●事業計画の作成

早期に事業を回復・成長軌道に乗せるなどし、収益（内部留保）を積み上げることで、返済期日までにご返済資金の確保を目指す、一定の実現性のある「事業計画」の作成が必要です。また、当金庫との合意が必要です。

●事業の進捗確認

お借入期間中は、事業計画の進捗確認のため、①決算書の定期的なご提出、②事業状況に関するご報告が必要です(※)。また、③一定の事業行為（合併や担保処分など）に関して当金庫が事前承認を求める可能性があります。場合により事業計画の修正を求めることも含め、事業者様の企業経営に深く関与するローンであることをご了承願います。

（※）ご提出頂く書類及びご報告については、内容が真実かつ正確であることを予め表明・保証頂きます。

●取引金融機関の支援

取引金融機関による具体的な支援について示して頂きます。また、取引金融機関に確認することがあります。

### ①　メインバンクの重要性

ここで特筆すべきは、日本政策金融公庫の説明の中で、ご利用いただける方として「民間金融機関等との協調支援により事業の発展又は継続を図る方」

という文言が記載されていることです。商工組合中央金庫の説明には「取引金融機関による具体的な支援について示して頂きます」とありますので、民間金融機関との連携を強く求められるということです。

**第4章**の「経営改善計画における金融機関とのチェック事項」で、経営改善計画策定におけるその段階ごとでのメインバンクとの確認事項を説明しました。また、その章では金融機関が融資先に対する債務者区分の他に何らかの取引方針を持っており、そこが確固たるものであれば、業績が厳しくても「メインとしてこの会社を支援する」となる場合があるとも記しました。

このメインバンクとの関わりは、政府系金融機関から資本性劣後ローンを借りる際にも重要となります。メインバンクを持つことの重要性が理解頂ければ幸いです。

**②　次世代ビジネスの柱を育てるための資金調達が可能になる**

一方、金融機関の目線次第ではありますが、債務超過に陥った、もしくは陥りそうになったら、この政府系金融機関による資本性劣後ローンを活用することにより、次世代ビジネスの柱を育てるための資金調達が可能になるかもしれません。これは魅力的です。

これを活用したい時には前述のとおり計画が必要になります。なお、これには**第10章**の「融資に対する考え方の整理」を参考としてください。

## Ⅳ　資本性劣後ローンの利用を申し込む際の計画の緻密度

政府系金融機関に資本性劣後ローンの利用を申し込む際の計画の緻密度は 参考資料5 経営改善計画　策定負荷目途一覧表 を参照してください（50～53ページ）。

自らの企業が金融機関の債務者区分において正常先だと認識される会社、リスケを利用していない会社、そのような会社であれば左の方の立て列である「小規模：売上1億円未満かつ有利子負債1億円未満」のやり方で十分であり、逆に既に債務超過に陥っているとかリスケを対応中であるなら右の方の立て列「売上10億円以上または有利子負債10億円以上」のやり方が必要になるということを示唆したのがこの表です。

資本性劣後ローンの場合、原則はこの右の方の立て列「売上10億円以上または有利子負債10億円以上」の手法に沿って計画策定を進めるべきです。

資本性劣後ローンを利用する際の計画に関しては、企業規模は関係なく、原則はしっかりとした財務面や事業面のDDに基づく計画が必要です。このように考えることを筆者はお奨めします。その上で、当該企業の財務内容が深く毀損してないのなら、その調査や計画の緻密度を緩くすることも可能となります。

# 最後に

筆者の実家は商売を営んでいます。

産まれた時から商人の子として、今は亡き父親からその極意等を聞かされてきました。そのような経験があったので、長い銀行員生活や商工会議所職員としての経験の中でも、商売人の気持ちは忘れませんでした。そして、数々の中小企業を応援したいという気持ちに揺らぎはありませんでした。

それがコロナ禍により、様々な大きな影響を受けました。

例えば小売り・サービス業は立地産業ともいわれ、ある程度の立地と適正な価格等が備われば、自らが経営者になってもやっていける自信がありましたが、このコロナ禍でそれが揺らぎました。

特に飲食業です。東京商工会議所にあります東京都中小企業再生支援協議会の一員として数々の企業の再生をお手伝いする中で飲食店も見ていました。2020 年の 4 月の 1 回目の緊急事態宣言の際、遅い時間に銀座を歩きましたら街が「真っ暗」なのです。恐怖すら感じました。そして、飲食業を経営する皆様の気持ちを想像し、その大変さをひしひしと感じました。

リーマンショックに伴う金融円滑化法の対応にもその当時まさに渦中の立場として接してきました。我が国の経営者の高齢化等を勘案すると、今回はリーマンの後のような時間を掛けた企業再生が妥当なのか否かが気になるところです。

この状況に際し、マクロ的な観点で対応策を検討することは必要ですが、自らの立ち位置から感じるのは個々の会社を如何に支援するかがポイントだということです。

斯様な中で、本書ではこの局面での明確な方向性を示すことまでは到底無理なことでありますが、その具体的なやり方をお示しさせて頂いたと考えております。

リスケ計画の作り方、金融機関との交渉の仕方、新たな成長のための融資の受け方等々です。テクニカルな説明を多々盛り込みましたので、実務を中心とした士業専門家の皆様にはお役に立つと思います。

また、経営者の皆様にも何等かのヒントになったのであれば幸いです。

なお、本書は筆者の所属する団体や過去に経験・所属した組織の意向を汲み取ったものではなく、個人的な経験や思案に基づいたものであることをここで記しておきます。

個人的な思いとして最後に記載するとすれば、「努力は報われる」と信じていることです。

特にマーケティングです。Webを活用した新たな販売であっても、そしてコロナ禍の影響があったとしても、正当なマーケティングを展開する限りは、世間は呼応してくれるはずです。マーケティングは嘘をつきません。

特にBtoCのような業務はそうだと思うのです。一見したところBtoCは草食動物的業務、ないしは農耕型民族のようなもの、即ちBtoBの如く打って出られない業務なのですが、それだけにマーケットに即した策を地道に取り続けるのであれば、成果は出ると信じています。

コロナ禍により外部環境が変わってしまった業種・業界の経営者に於かれましては、単純な策ではありますがSWOT分析を活用し、公的機関であれば全国各地の商工会議所・商工会の経営指導員や認定支援機関、そして中小企業再生支援協議会のスタッフ等の方々、そして民間コンサルタントの方々とも連携頂き、新しい道を切り拓いて頂きたいと思います。

応援しております。

2021年5月　濱田法男